경계선 사회
크리스천의 정신건강

경계선 사회 크리스쳔의 정신건강

1판 인쇄일_ 2016년 10월 20일
1판 발행일_ 2016년 10월 26일

지은이_ 남서호
펴낸이_ 한치호
펴낸곳_ 종려가지
등 록_ 제311-2014000013호(2014. 3. 21)
주 소_ 서울특별시 은평구 은평로 14길 9-5
전 화_ 02. 359. 9657
디자인 표지 이순옥/ 내지 구본일
내지 삽화 김수민(010.3351.2731)
제작대행 세줄기획(02.2265.3749)
영업(총판) 일오삼(민태근)
전 화_ 02. 964.6993 팩스 2208.0153

값 14,000 원

ISBN 979-11-87200-10-9   03230

ⓒ2016, 남서호

잘못 만들어진 책은 구입하신 서점에서 바꾸어 드립니다.
책의 주문 및 영업에 대한 문의는 영업대행으로 해주십시오.

경계선 사회
크리스천의 정신건강

남 서 호 지음

문서사역
|종|려|가|지|

추천의 글

정신의학과 신학의 그 어려운 함수관계의 구조를 알기 쉬운 말로 설명하기란 참으로 어렵다.

건강하게 생활하던 평범한 사람에게 어느 날 갑자기 닥친 질병의 선고는 환자와 가족들에게 큰 충격을 가져다준다. 더구나 그 질병이 우울, 절망, 불안, 회피 등의 영적이며 정신적인 문제라면 그 고통은 더 심각해진다. 눈을 들어 주변을 보라. 그런 고통으로 신음하고 있는 사람들을 쉽게 발견할 것이다. 아니 내가 그런 사람인지 모른다.

『경계선 사회 크리스천의 정신건강』이란 책을 환영하는 것은 그것들의 열쇠가 되기 때문이다. 칼럼 형태로 쓰여 진 본서의 테마 별 내용은 읽기 쉽고 간단하다. 그 속에 저자가 학교에서 교회에서 상담실에서 얻은 경험들이 가득하다.

이 책의 저자 남서호 박사는 보수신학과 기독교적 심리치료의 통합 상담학을 전공하여 미국 공인 카운슬러, 대학 교수, 목회자이다.

　그가 목회자 사모, 평신도 상담 훈련에 일생을 바치며 많은 상담자, 코치들을 배출했다. 기억에 남는 것은 본인이 아세아연합신학대학교 총장으로 재직할 때 저자와 설동욱 목사가 우리나라 최초로 목회자 사모 상담 과정을 개설했는데 한 학기에 100명이 넘는 학생들이 모여들어 성황을 이루었다. 성 심리학을 전공한 저자는 방송, 세미나 그리고 꾸준히 여러 권의 서적을 편찬했는데 그중에서 '심방상담 자료 백과'는 진주같이 빛난다.

　저자가 밝힌 대로 다원화시대의 혼돈과 고통 속에서 신음하고 있는 현대 크리스천들에게 카타르시스를 느끼게 하는 큰 도움이 되리라고 확신한다. 신학도 들과 목회자들에게는 현대인들의 고통을 이해하는 계기가 될 것이며 치유의 폭을 넓히는 기회를 얻게 될 것이다.

2016. 8. 15.

전) 아세아연합신학대학 총장

림 택 권

머리말

『경계선 사회 크리스천의 정신건강』을 내면서

우리는 포스트모더니즘의 찬란한 문화의 터널을 지나고 있거나 아니면 그 다음의 세계인 이머징(emerging) 시대로 진입했는지도 모른다. 겉으로는 모두가 자유를 만끽하고 행복을 누리며 만족스러운 삶의 행로로 가는 것처럼 보인다.

우리가 느끼고 확인한 것은 전통사회의 규율을 따르고 정형화된 인생경로를 중시하는 현대주의는 지나고 신인류의 등장으로 자족적인 주관적 기준 아래 자신의 삶을 스스로 연출하고 표현하는 "유연한 개인주의"를 추구하고 있다는 것이다. 그러나 기대와는 달리 긍정적인 라이프 스타일, 목표 지향적이고 의미를 갖고 건강한 정신위생을 갖지 못하고 있다.

다원화시대를 경험해보니 빈곤, 현실도피, 좌절감, 생에 대한 의욕상실, 사회적 불안정으로 우울증이 일상화되고 삶의 욕망이 줄어가고 정신분열증, 각종 중독, 자살감정을 갖는 사람들이 점점 늘어나는 구조가 되어 있다. 한 마디로 불행하다고 난리나.

전형적인 경계선사회로 접어들어 엄청난 변화의 속도 속에서 자신의 정체성을 갖기 어렵고 행복을 보장받지 못하고 있다.

'신기술', '신세계'는 인공정자로 남자 없는 임신을 가능하고, 내후년에는 베이징에서 파리를 잇는 초고속 열차가 시속 480Km로 돌파할 것이다. 2020년에는 로봇이 암 종양을 재거하는 수술이 가능하고, 개인소유 우주선이 달에 착륙할 것이다. 이 엄청난 변혁의 소용돌이에 몸부림치는 현대인은 정서적, 심리적, 영적으로 탈진과 해체로 병들어가고 있다.

육체와 영과 혼이 돌아서서 울고 있는데 누군가는 이 혼돈 속에서 고통당하는 사람들을 위로해야 한다. 그리고 예방과 해결점도 알 수 있도록 알려줘야 한다.

동시대속에서 같은 아픔을 느끼면서 필자가 그 임무를 맡아 부족한 혜안이지만 질병에 대한 일반적인 이해와 내면으로 들어가 정서 장애, 인격 장애, 충동과 조절 장애, 신체적 장애를 설명하고 치유하는 방법을 이론과 상담과 설교로 소개했다.

이 책을 잃는 모든 독자들은 생의위기를 극복하고 귀신을 쫓아내며 도덕적 결함을 고치며, 본성적 또는 후천적 모든 결함과 와해를 회복시키며 영적인 결함까지도 포함하는 전인적인 치유가 나타나기를 희망한다.

마지막으로, 아내에게 감사하다는 말을 전하는 것을 기쁘게 생각한다. 그녀가 나에게 사랑이 무엇인지 잘 가르쳐준 것에 감사한다.

2016. 8. 아주 무더운 계절.

판교 청솔정에서

남서호

목차

추천의 글 | 림택권 _ 5
머리말 _ 6

1부 | 질병과 치유

1. 특수 장애아들의 이중 고통 _ 15
2. 왜 현대인들은 성차의 문제를 지니고 있나 _ 19
3. 건강한 삶을 추구하는 사람들에게 _ 23
4. 병원 입원은 개인적인 실패인가? _ 27
5. 당신은 환자를 위한 상담자 _ 30
6. 인간의 영은 더 이상 인간을 조정하지 못하는가? _ 34
7. 하나님의 행위. 사람의 행위 _ 37
8. 치유의 장애물들 _ 41
9. 또 다시 요구되는 치유목회 _ 47
10. 성인병 중 고혈압을 정복해야 _ 51
11. 치유의 역사는 전수되고 있다 _ 57
12. 폴 투니어(Paul Tournier)의 치유 범위 _ 62

2부 | 정서장애

1. 미움을 억제하지 못하는 당신에게 _ 69
2. 충동적인 분노 어떻게 해야 합니까? _ 71
3. 누가 이 공포로부터 해방시켜줄까? _ 74
4. 삶의 양념 스트레스(정신불안) _ 79
5. 짚신장수의 집착 _ 83
6. 왜 현대인들은 잠들지 못하는가? _ 88
7. 가면 속에 울고 있는 사람들 _ 92
8. 우울증 상담사례 _ 96
9. 아라비아 향수로 이 불안을 없앨 수 없는가? _ 100
10. 고독과 독존(혼자서도 행복하라) _ 103
11. 어플루엔자 1(Affluenza 1) _ 107
12. 우리를 쫓겨 다니게 하는 강박증을 벗고 _ 110
13. 아침이 밝을 것인가(Will Daylight Come) _ 115
14. 사울 왕은 왜 실패했나(강박증) _ 119
15. 공황장애가 급속이 늘고 있다 _ 123
16. 정신불안, 이렇게 시작 _ 127
17. 무엇이 우리를 우울하게 하는가? _ 133
18. 우울증 상담설교 _ 136
19. 연산작용이 와해된 사람(조증) _ 147

3부 | 인격장애

1. 죽음보다 무서운 미움 _ 153
2. 자석에 쇠붙이가 끌려오는 사람 _ 156
3. 외로운 늑대, 은둔형 외톨이들 _ 159
4. 십대를 집단 히스테리로 몰고간 사람 _ 163
5. 정신분열의 시대 _ 167
6. 영화 "닉슨" 백악관시절 권력암투·내면해부 _ 170
7. 인격장애자들이 늘어만 가는 사회 _ 174
8. 열등감에 사로잡힌 부인의 상담 _ 179
9. '교만' 상담설교 _ 189
10. 바알 셈 도프 _ 197
11. 정신분열이 일어나는 다원화문화 _ 201
12. 분열성 인격장애 _ 204
13. 인간은 만들어진 존재가 아니라 만들어지는 존재 _ 208
14. 히스테리성 여인을 주의하라 _ 211
15. 현실(reality)에서 철수(withdraw)한 사람들 _ 215
16. 하나님 형상의 왜곡(편집성 인격장애) _ 218
17. 정신장애보다 더 무서운 인격장애 _ 222

4부 | 충동과 조절장애

1. 도박 공화국 _ 227
2. 하나님은 노름을 안 하지 않는가 _ 232
3. 네로의 후예들 _ 235
4. 장진주사(將進酒辭) _ 239
5. '단일약물 남용세대'를 거쳐 '복합약물 남용세대'로 _ 243
6. 대중문화와 마약복용 _ 247
7. 나는 지금도 마약중독자며 과거에도 그랬고
   미래에도 그럴 것 _ 251
8. 충동조절장애 _ 255

5부 | 신체적 장애

건강염려증(장미꽃 향기를 맡으세요) _ 263

1부

질병과 치유

1. 특수 장애아들의 이중 고통

　　　　　특수 장애아동들을 위한 교육기관이 절대 부족해 많은 장애아들이 가정에서 방치 된 채 지내고 있다. 아니 이중 고통을 당하고 있다. 장애인으로 태어 난 것이 고통이고 그 뒤 사회적으로 받는 냉대와 불편 그리고 삶의 질에 있어서 고통이다. 이들의 아픔을 가장 살갑게 이해해 주신 분이 예수님이시다. 교회는 이런 아동들을 품어야 한다. 교회의 유명세는 좋아하면서 해야 할 사회적 의무에 대하여 눈감고 있는 현실에 대하여 개탄하지 않을 수 없다.

　권익위원회가 36회 장애인의 날을 맞아 장애아동 교육 서비스 관련 민원 분석결과 특수학교 특수학급 및 장애전담 어린이집 등 장애아동 전문 교육기관이 부족하다는 민원이 많은 것으로 나타났다고 밝혔다.

　이에 따라 민원 유형 641건의 민원 내용을 분석한 결과 시설 및 인력 분야 관련 민원이 326건, 관리 및 운영 분야 관련 민원이 315건을 차지했다. 특히 시설 및 인력 분야 관련 민원의 내용은 장애아동이 전문적인 특수교육과 돌봄을 받을 수 있도록 지역 내 특수학교, 유치원 학교 내 특수학급 및 장애전담 어린이집 등 특수교육 기관을 신설해달라는 요청이 122건으로 가장 많았다.

　현실적으로 볼 때, 장애아동을 수용할 조기교육기관은 절대 부족하고 이에 관한 법적 장치조차 제대로 마련돼 있지 않은 실정이며 지난 1-2

년 사이에 생긴 사설장애아동 조기교육기관 역시 시설미비 등 부족한 점이 많다.

현재 특수 장애아동의 조기교육의 혜택을 받고 있는 아동은 1000여 명에 불과하다. 유치부에 취학한 특수아동의 장애별 유형을 보면 시각장애, 청각장애, 지체장애, 정서장애 등이다.

특수아동 중 조기교육대상자의 정확한 수는 밝혀지지 않고 있지만 공사립학교 유치부 입학경쟁률을 보면 조기교육기관이 절대수가 부족하다는 것을 쉽게 알 수 있다.

학교·기관별로 차이는 있지만 입학경쟁률은 4대 1을 모두 넘고 있는 실정이다.

남부장애자복지관 최윤희 교사는 "복지관에서 취학전 영·유아 장애아동 76명이 10개 학급에 수용돼 조기교육혜택을 받고 있으나 입학 경쟁률이 5대1이 넘고 1백 여 명의 아동이 대기하고 있는 실정이다"고 밝혔다.

특수아동들의 발달은 조기교육에 좌우된다고 해도 과언이 아니다. 그러나 이들 학교에 수용돼 있는 아동은 전체장애아동의 5%도 안 된다.

공사립시설에 들어가지 못한 특수아동들은 사설소기교육기관을 이용하고 있지만 상당수의 특수 장애아동들이 경제적 사정 등으로 가정에서 방치된 채 지내고 있다.

현재, 전국에 70여 군데 사설 조기교육시설이 있으나 이들 시설에 대한 법령이 마련되지 않고 경제적 지원이 전혀 없어 조기교육을 위한 기본시설조차 갖추지 못하고 있는 등 많은 문제점을 드러내고 있다.

사설기관운영자들의 40% 이상이 특수교육을 전공하지 않았고 교사

중에도 비전공자가 있어 특수교육의 장기적이고 체계적인 프로그램을 만들지 못하고 있는 등 파행적인 조기교육이 실시되고 있다.

또한 이들 시설에 정부지원이 없어 아동들의 교육비로 운영을 하게 됨으로써 학부모에게 과중한 교육비 부담을 주고 있다.

시설의 영세성으로 언어·물리치료 등 전문분야별 교사를 두지 못하고 교사 1인당 7~8명의 특수아동을 맡아 교육하고 있어 특수장애아에 대한 질 좋은 조기교육서비스는 기대하기 어렵다.

한국특수아동조기교육연구회의 회장은 "조기교육시설에 대한 법적 규제가 없어 마구잡이식으로 들어서고 있고 시설의 영세성으로 장애아동의 조기교육이란 본연의 취지를 살리지 못하고 있다"고 말한다.

외국의 경우에, 장애아동들에 대한 정책과 법적장치가 마련돼 있고 정부가 경제적인 지원을 아끼지 않고 있다.

미국은 대부분 일반초등학교병설 특수아동유치원을 설치 운영하고 있고 학령인구의 12%에 달하는 장애아동에 대해 경제적 지원을 하고 있다.

일본은 "무사시노히기시"학원처럼 많은 기관이 자폐아동 장애아들에게 전문적인 조기교육을 실시하고 있다. 단국대 김승국 교수(특수교육학과)는 "장애아에 대한 교육이 빠르면 빠를수록 특수 아동들의 상태가 크게 호전 된다"며 "정부에서는 외국처럼 일반유치원에 특수아동을 수용할 수 있도록 해 보다 많은 장애아들이 일반아동과 같이 조기교육을 받을 수 있도록 해야 한다"고 주장한다.

그리고 이들에게 종합적인 치유의 길이 열려야 한다.

무엇보다 일반인의 정신지체에 대한 인식을 높이는 교육이 필요하다. 유전적 질환에 대한 병력조사, 양수천자에 의한 태생기 진단, 풍진예방과 같은 임신기 산전의료, 병원에서 출산, 예방접종 등의 강화, 출생초기에 선천성 대사장애와 갑상선 기능부전증에 대한 검사 등에 의한 조기발견 및 치료 등이 정신지체의 발생을 예방할 수 있다. 즉 전반적 보건위생의 개선과 모자보건을 충실히 하는 것이다.

치료는 결국 정신지체가 생기는 병의 경과를 단축시키고 정신지체의 후유증과 장애를 최소화하는 것이다. 음식조절과 호르몬 추가공급 등으로 치료 할 수 있다. 감정장애나 행동장애는 정신과적 치료를 요한다. 이는 환자의 지능수준에 맞추어 변형을 시켜야 한다. 정신지체에 흔히 합병되는 신체장애와 간질 등에 대해 적절한 치료를 시행한다.

가족에 나타나는 합병증적인 위기, 즉 진단을 받았을 때 흔히 나타나는 실망, 죄책감, 분노, 정신지체라는 충격, 기타 이후의 배척이나 과잉보호 같은 적응문제에 관심을 두어야할 영역이다.

이 땅에서도 헬렌 켈러 같은 선천적 장애를 극복하고 역사에 빛을 비춰주는 인물을 기대한다.

2. 왜 현대인들은 성차의 문제를 지니고 있나

산업용 유독 화학물질의 남용으로 남성의 精子가 계속 줄고 男女 성별의 특성이 점차 사라져 인류의 번식기능이 심각한 위기를 맞고 있다고 환경학자들이 경고하고 나섰다.

덴마크의 에스브제르그에서 열렸던 "北海보호 국제회의"에 참석한 학자들은 대표적 유기염소系 살충제인 DDT등의 화학물질이 남성의 정자를 급격히 약화시키고 있어 인류 보존자체가 위협에 직면했다고 밝혔다. 최근 영국의학계 보고에 따르면 지난 40년 동안 남성의 정자수는 평균 40%가 감소했으며, 특히 최근 10년간 연평균 감소율이 2.6%에 달하고 있는 것으로 조사됐다.

유기염소계 살충제성분은 염화비닐 플라스틱, 솔벤트, 펄프제조 등의 과정에서 주로 생성되고 있다.

산업용 유해화학물질 오용은 또 남성의 여성화를 재촉하고 2차 대전 후 睾丸癌(고환암), 남성생식기 기형 등을 현저히 증가시킨 주요인으로 추정되고 있다. 각종 임상실험 결과 남성의 생식기능 이상은 태아와 유아기에 유독물질이 체내에 축적되면서 초래되는 것으로 믿어진다고 전문가들은 잠정결론을 내렸다.

미국의 야생동물과 북해어류의 생식력도 급속히 약화되는 것으로 나타났다.

덴마크 국립대학병원의 닐스 스카케 박사는 남성의 생식력 저하와 유해 화학물질간의 상관관계 가능성이 본격적으로 제기된 것은 최근 1-2년간이라고 밝히고 정확한 원인조사를 위해 지구차원의 조사가 시급하다고 말했다.

환경운동단체인 그린피스의 마들렌 코빙은 유기염소계 살충제 등이 인류는 물론 육지와 바다의 야생동물생존도 위협하고 있다고 주장하고 '각국 정부대표들은 더 늦기 전에 인류의 미래와 기업의 오염방치중 하나를 택일하라'고 촉구했다. 포스트 모더니즘 문화의 영향은 남녀의 성차를 더 혼란스럽게 만들고 있다.

남녀관계 중에서 남편과 아내의 관계는 가장 밀접하고 친근한 관계이다(엡 5:22-33, 골 3:18-19). 하나님께서 지정하신 결혼과 가정은 현재 심각한 위기에 직면하고 있다. 과거의 전통적 결혼에 비하여 현대결혼은 불안정하다. 이혼율이 증가하고 있고 가정폭력과 가출이 증가하는 추세에 있다.

그 원인은 무엇인가? 현대가정이 붕괴되고 있는 원인을 우리는 여러 곳에서 찾을 수 있을 것이다. 농경사회에서 산업사회로의 변화, 확대가족에서 핵가족으로의 변화, 가부장적 제도에서 우애관계로의 변화 등 여러 가지 사회문화적인 요인이 현대가정을 불안정하게 만들고 있다. 그러나 보다 본질적인 것은 남편과 아내는 서로를 이해하지 못함으로 갈등을 일으키고 있다. 이 상호간의 몰이해는 특히 남, 여의 역할 구분에서 매우 심각하다.

역사상 대부분의 사회에서는 남자가 되는 것(남성적인 것)과 여자가 되는 것(여성적인 것)은 당연시되어 왔다. 모든 다양한 문화의 밑바닥에는 변할 수 없는 이중성이 남아 있다는 것과 이 이중성은 상호 만족과 화해를 향하여 나아가고 있다는 것이 발견되었다. 이것은 현대나 고대의 지혜자들이 모든 문화에 있어 남성과 여성에 관하여 언제나 알고 있는 것이었다.

그러나 이 남녀의 역할 구분은 남성우월의 문화를 형성해 왔다. 남성우월의 신화는 여자에게만 불행과 불만을 주는 게 아니라 남자에게도 해로운 영향을 미친다. 여자라 약하고 유순해야 한다는 것도 괴로운 제약이지만, 남자라서 강건, 강해야 한다는 것은 사실 더 큰 압력이다.

남자아이가 어느 정도 자라면 남성다움이 거의 의무가 되어 버린다. '나는 남자다'라는 의식으로 충분치 않고, 남자이기 때문에 특권들을 누려야 한다는 것을 또한 언제나 내보이고 증명하려 든다. 남자이기 때문에, 남자라는 것을 증명해야 하기 때문에 용기와 힘을 과시해야 하고, '여성적'인 충동들(공포, 불안 등)을 부정해야 하며, 여자들을 '정복'해야 한다는 압력이 많은 남자들을 짓누르고 있다.

감정은 여성적인 것이므로 억압되어야 하며 그 결과는 분노와 공격성으로 나타나고, 경직적이고 권위적인 행동이 나타난다. 경쟁, 권력싸움, 지배의 영역에서의 성공이 자신의 가치를 결정하고, 패배한다는 것은 남성다움을 잃는 것이다. 개인적인 관계들과 성취의 측면 아래서만 체험하므로 진정한 친밀성을 경험하지 못한다.

남자이기 때문에 강해야 하므로 신체적 경고신호들에 거의 주의하지 않고 병원 가는 것을 남성답지 못한 것으로 간주함으로 여성들보다 병이 훨씬 많고 훨씬 일찍 죽는다.

　이와 같은 성적 관념들은 "남자는 세상에서 일해야 하고 여성은 집에 머물러 있어야 한다"는 편견을 비롯하여 수 백 가지 부당한 가정을 자아냈다. 위와 같은 성차별 관념은 우리의 잠재력을 제한시키는 역할을 하고 있다. 성이 우리의 잠재력을 표현하는데 영향을 미치는 것은 사실이지만, 우리가 무엇을 할 수 있는가를 결정짓는 것은 아니다.

3. 건강한 삶을 추구하는 사람들에게

세계보건기구(WHO)는 지구상 여러 곳의 장수촌을 대상으로 이들의 장수법과 건강법을 연구하는 작업을 꾸준히 추진해 왔다. 그 일환으로 서울대보건대학원 허정교수가 지난 WHO 단기 자문관 자격으로 아시아 장수촌의 하나인 티베트지역을 다녀왔다. 허 교수가 보고 느낀 티베트인의 장수건강법과 전통의학을 소개한다.

생활수준이 낮은 티베트인들은 먹는 것이 형편없다. 고산지대에선 야크 고기를 주식으로 하며 4천m 이하의 낮은 고장에선 양고기를 먹는다. '짬바'와 버터차를 마시는 것이 고작이고 야채, 과일을 거의 먹지 않는다. 또 이들은 거의 목욕을 하지 않아 냄새가 난다. 강렬한 햇볕에 타기 쉬운 피부를 보호하기 위해 야크젖으로 만든 버터를 발라 윤기가 나지만 불결한 느낌이 짙다.

그러나, 피부병이 많지 않은 것이 이색적이다.

티베트인은 태어나서 목욕한 후 장가들고 시집갈 때 다시 한 번 목욕하고는 죽을 때까지 특별한 경우를 빼고는 목욕하지 않는다. 역설적인 얘기가 되겠지만 너무 비누로 피부를 닦고 때를 밀면 피부병이 잘 생겨난다는 것은 이미 전문가들의 공통된 견해이다.

탕약을 거의 쓰지 않고 가루약이나 환약만을 쓰는 것도 인상적이었다. 지금은 많은 사람들이 도회지에 정착해 있지만 예전엔 낮은 고장에서는 양을 치고 고산지대에선 야크와 말떼를 따라다니는 유목생활을 했다. 그러다 보니 다려먹기 힘들고 부피 많은 탕약보다 환약이나 침을 많이 쓴다는 것이다.

  생활수준은 낮지만 우리처럼 악착스럽게 사는 사람들이 없다는 것도 눈에 띄는 대목이다. 이곳선 부자나 권력을 가진 사람들을 부러워하는 사람들을 보지 못했다. 확실히 이들은 이승이란 잠깐 머물다 가는 과정으로 받아들이는 것 같았다. 세상만사 부처님 뜻 따라 살아가기 때문에 생활이 종교이고 종교가 생활이었다.
  그러니 도둑이 없고 범죄가 적고 사람들이 건강하게 오래 산다는 생각이 들었다.

  티베트의 전통의학은 인도의 고대 불의설을 받아들이고 있었다. 생로병사의 사대고를 비롯한 모든 괴로움 중 병 다스리는데 가장 힘쓰며, 이런 병들은 지수화풍의 네 가지 원소가 조화를 이루지 못해 생겨난다는 사대부조병리설을 받아들이고 있었다.
  티베트에서도 약욕과 온천욕은 여러 가지 만성병 치료에 이용되고 있다. 이곳 장의원(우리의 병원)에 들르면 입원실 옆에 반드시 약욕실이 있다. 라사에서 자동차로 세 시간 쯤 달리면 온천이 있다. 이곳에선 소화불량은 물론 관절염, 신경통 같은 만성병 치료에 쓰이고 있다.
  별다른 시설이 없고 노천욕을 하는 것이 고작이었지만 13세기 원나라 때 만들어진 '음선정요'를 보아도 티베트에선 온천물을 마시고 목욕을 해서 여러 가지 병을 깨끗이 고친다고 나온다.

약욕에 쓰는 약재는 자백, 마황, 동청, 하백 같은 생약이었고, 티베트인들은 잘 듣는 병으로는 신경통, 관절염, 소화불량 같은 병을 손꼽고 있었다. 이밖에 여름이면 근래 우리나라에서도 유행하는 모래찜질을 해서 여러 가지 만성병을 고치고 있었다.

건강한 삶을 추구하는 사람들의 공통점이 있다.

1. 새벽에 자리를 박차고 일어나라. 가능하면 새벽기도회에 참석하라. 늦게 잤더라도 일찍 일찍 일어나면 다음부터는 일찍 자게 되어있다. 오늘 밤 수면의 질이 내일 일의 능률과 직결된다.
2. 아침산책을 생활화하라. 아침산책은 체중을 줄여준다. 맑은 정신으로 하루를 구상하라. 진리의 말씀을 묵상하라.
3. 부지런히 움직이라. 30분 일찍 출근하라, 준비하는 마음이 자신감을 회복시켜준다. 이왕 걸을 때는 힘차게 걸어 다녀라.
4. 자신의 일을 사랑하라. 범사에 감사하라. 사랑하는 일은 스트레스가 되지 않는다.
5. 꿈과 호기심, 탐구하는 자세를 잃지 마라. 꿈이 있는 사람은 밝고 건강하다.
6. 진정한 스트레스 해결책을 개발하라. 의기소침하면 목욕을 하라.

아침은 좋은 음악으로 시작하라.

7. 세 끼 식사를 균형 있게 하라. 골고루 천천히 하라. 자연미각을 길들여라. 인공, 가공식 보다는 자연식, 청량음료 대신에 생수, 커피보다는 인삼차로 하라. 군것질은 과일로 하라.

8. 휴식 스케줄은 철저히 지켜라. 쉴 때는 정보의 유입을 통제하라. T.V나 신문에 몰두하는 것은 휴식이 아니다. 휴식도 일이다. 휴식이 일의 능률과 생산성을 좌우한다. 일과 휴식의 균형을 유지하라.

9. 건강의 흐름을 만들어라. 성공의 흐름을 만들어라. 혼자서는 한계가 있다. 나보다 훌륭한 사람들을 만나라. 몸과 마음이 건강한 사람을 만나라. 운동도 같이 하고 공부도 같이 하라.

10. 건강진단을 규칙적으로 하고 정신위생에 관심을 두라.

11. 부모에게 효도하고 하나님을 사랑하라. 효자는 장수한다. 효자는 성공할 수밖에 없다. 효자 집안에서 효자가 난다. 하나님을 바라보라. 불완전한 인간이 강해질 수 있는 유일한 비결은 예수 그리스도 안에서 하나님을 바라보는 것이다(사 40:31).

4. 병원 입원은 개인적인 실패인가?

많은 사람에게 있어서 병원에 입원하는 것은 개인적인 패배라고 생각한다. 그들은 병원에 입원하는 것을 건강해지려는 시도라는 용어보다는 질병을 피하는데 실패했다는 말로 나타낸다. 나이가 든 사람들은 병원을 건강해지는 장소로보다는 죽기 위한 장소로 여긴다. 이러한 부정적인 생각은 입원함으로써 없어지기보다는 오히려 더욱 증대된다.

환자를 도와 입원에 대해 불안해하는 이유를 확인하도록 하는 것은 매우 가치가 있는 것이다. 상담자는 환자의 이야기를 들어주는 친구로서 그 과정을 도울 수 있다. 요약해 보면, 사람들은 입원 환자가 되었을 때에 자신의 개인적인 주체성을 잃어버렸다고 생각한다는 점을 주목해야 한다는 것이다.

이 개성의 상실은 대개 자제력이나 독립심의 상실을 수반하며, 사생활의 상실이나 존엄성의 상실로 악화된다. 상담자는 이러한 손상을 가져오는 과정의 영향을 누그러뜨리는 데 큰 도움이 될 수 있다. 상담자는 환자의 개성과 완전히 조화를 이루고, 변함없는 하나님의 자녀로서의 그의 가치를 확증하고, 그의 소원이나 개인적인 요구를 존중함으로써 이 상실감을 바꾸어 놓는 데 도움이 될 수 있다.

실제로 병원은 독특한 환경이므로 상담자 또한 독특한 봉사를 할 수 있다.

의학의 다른 분야에 있어서의 진보와 마찬가지로 수술 과정도 크게 개선되었다. 이것은 수술을 하는데 종전보다 시간이 덜 걸릴 뿐만 아니라 병원에 입원해 있는 기간도 짧아졌다는 점에서 드러난다. 마취 분야도 많이 개선되어 전보다 더 효과적이고, 후유증도 별로 없게 되었다.

상담자는 수술을 받아 본 적이 없는 환자에게(혹은 지난 20년 동안 수술을 받은 적이 없는 환자에게) 환자가 예상하는 것보다 모든 것이 훨씬 더 잘 될 것이라고 적절하게 확신시킬 수 있다. 수술 환자는 대개 수술이 있은 다음 날 침대에 앉아 있거나 일어나 걷고 있다. 그렇다고 상담자가 담당 의사보다 앞서는 결정적인 결론은 금물이다. 이를테면 무조건 병명을 말하거나 입원기간이나 치료에 대한 일방적인 자기 의견을 주의해야 한다.

요 근래에는 병원이나 절차가 훨씬 덜 까다로운 개인 병원에 하루에 수술하고 퇴원하는 제도(day surgery units)가 확립되어 있다. 이것은 금전적으로도 시간적으로도 환자에게 매우 큰 절약이 된다. 또 다른 경향은 새로운 수술 과정의 개발이다. 관상 동맥 우회로 설치 수술(coronary bypass surgery)은 채 30년도 되지 않았다.

심장 이식은 보다 자주 성공적으로 시도되고 있다. 망막 박리 치료(retinal detachment repair)에 있어서처럼, 수술에서는 또한 레이저 광선도 사용되고 있다. 전신 단층 촬영기(body scanner)가 계획된 수술 부위를 정확하게 나타내고, 일어날 가능성이 있는 문제를 가르쳐 준다.

이러한 모든 발전과 진보 때문에 상담자는 수술 환자에게는 전혀 영적인 요구가 없다고 생각할지 모른다. 그러나 그렇지가 않다. 실제로 수술 환자가 다른 사람보다 더 불안감을 가지는 것이다. 공포의 정도와 불안정한 정도는 수술의 종류와 환자가 그 수술을 어떻게 생각하느냐에 따라 다르다.

그런데 상담자가 유의해야 할 중요한 사실은 환자의 진정한 회복은 병원의 조치와 전문적인 치료가들의 도움으로만 끝나지 않는다는 인식이 필요하다. 그것은 영적인 회복을 기초해야 한다는 사실이다. 영적 회복 없는 육신의 회복은 부분적이며 불완전하다. 이것이 상담자에 대하여 암시하는 것은 여러 가지이다.

첫째, 상담자가 인간의 전반의 상태를 이해하는 것이 필수적이며 둘째, 상담자는 환자와 더불어 어떤 문제를 검토하기 위해 적절한 신학적인 관점을 가져야 한다는 것을 의미한다.

5. 당신은 환자를 위한 상담자

성공적인 상담을 위한 기본적인 선행 조건은 환자에게 순수한 관심을 갖는 것이다. 상담자가 이 진정한 관심을 전달할 수만 있다면 그 상담은 모든 사람들에게 좋은 경험이 된다. 좋은 의도를 가졌음에도 불구하고, 때때로 상담하는 사람들은 좌절하고 실망하여 돌아가곤 한다.

평신도이든 성직자이든, 훈련받은 사람이든 훈련받지 않은 사람이든, 누구나 자신의 상담이 항상 100퍼센트의 성과가 있었다고 느끼지는 못할 것이다. 어떠한 훈련으로도 그러한 성과를 보장할 수는 없다.

그러나 상담에는 환자나 상담자 모두를 만족시키는데 도움이 될 몇 가지 기본적이고 기초적인 원칙들이 있다. 하지만 이러한 기술들은 단지 제안하는 것이지 꼭 이 원칙대로 하라는 것은 아니다. 병원의 절차와 의례에 있어서의 상황적인 차이 때문에 때로는 이 기본적인 원칙들의 변용이 필요하다.

많은 관점들은 아주 분명하고 뚜렷해서 여기에 포함시킬 필요가 없을지도 모르겠다. 그러나 실패는 단순한 사실이 무시되었을 때에 자주 일어난다.

첫째, 환자의 사생활을 보호해 주어야 한다는 것이다. 그들은 피동적 상태가 되어 있기 때문에 사생활이 침해당하기 쉽다. 가능한 한 환자의 사생활을 존중해 주는 것이 상담자들의 의무이다. 그러므로 상담은 문을 가볍게 노크하는 것으로 시작해야 한다. 이것은 상담자의 존재를 알리는 신호일 뿐 아니라 환자에게 마음을 가다듬을 기회를 주는 것이기도 하다.

비록 문이 활짝 열려 있고 문 앞에 누가 서 있는지를 환자가 볼 수 있다 하더라도 노크를 하는 것이 분명한 예의이다. 상담자들은 문이 닫혀 있다는 것이 여러 가지 사실을 가리킨다는 것을 인식해야만 한다. 그것은 환자가 쉬고 있거나 방해받지 않기를 원한다는 것을 의미할 수도 있다.

둘째, 상담자는 환자의 신체적인 비밀에 대하여 존중하려는데 주의해야 하며, 뿐만 아니라 정보의 비밀도 존중해야 한다. 이것은 환자의 상태에 대하여 어떤 정보를 듣든지 그것은 상담자만이 알아야 할 특별한 것이며 신성한 것이라는 것을 의미한다. 상담자가 환자 곁을 떠날 때 그 비밀은 그대로 남겨 두어야 한다.

종종 사람들은 선의로 환자의 상태에 대해 알려고 한다. 그러나 상담자는 그것을 밝혀서는 안 된다. 이 점에 대하여는 절대적으로 신중해야 한다. 비밀의 내용이 밝혀지면 그 상담자는 앞으로 모든 신뢰를 상실할 수 있기 때문이다.

셋째, 상담자는 환자의 상태에 대하여 환자에게 "캐묻는 일"을 삼가야 한다. 일반적으로 상담자는 환자가 화제를 주도하여 자기 병에 관한 그 어떤 것이든지 자기가 이야기하고 싶은 것을 이야기하도록 해야 한다. 때때로 환자는 자신의 육체적 고통에 대하여 어떤 특별한 것들을 함께 이야기하는 것이 도움이 된다는 것을 깨닫는다.

만일 그렇다면 상담자는 열심히 귀를 기울여 들어야 한다. 그러나 이 방면에 대하여 너무 지나친 관심을 보이지는 않는지 주의해야 한다. 상담자가 알아보아야 할 중요한 것은 병의 자세한 내용이 아니라 환자의 병과 회복에 관한 환자 자신의 감정이다.

넷째, 일반적인 규칙으로서, 상담자는 다른 사람의 경험을 환자에게 이야기하는 것을 삼가야 한다. 예를 들어서, 환자가 폐렴에 걸려 있고 상담자 자신도 최근에 똑같은 병을 앓은 적이 있었다면 가능한 한 상담자는 그 일에 대하여 언급하지 않는 것이 좋다. 왜냐하면 그것이 환자를 낙심케 하거나 환자에게 비현실적인 기대를 갖게 하기 때문이다.

만일 상담자가 단 3일 동안만 병원에 입원해 있었고 환자는 이미 입원한 지가 4일째라면, 환자가 잘 회복되는 중에 있다 해도 환자의 사기는 저하될 것이다. 너욱이 가능한 한 자신에 대해서는 말하지 않는 것이 좋은 규칙이다. 만일 상담자에게 커다란 개인적인 문제가 있다면 그 문제는 환자를 조력자로써 이용하고자 하는 유혹이 된다.

이것은 도움을 필요로 하고 있는 환자에게 매우 부당한 일이다. 환자를 상담할 때에는 개인적인 문제는 집에 남겨 두어야 한다. 자신의 치료 수단으로 상담을 이용하지 말라.

끝으로, 환자 상담의 시간은 적절해야 한다. 환자 상담은 좋은 기도와도 같다. 그것은 그 시간이 긴 것보다는 심도에 의해 측정된다. 너무 오래 머물러서도 안 되며, 그렇다고 너무 매정해서도 안 된다. 항상 환자는 상담자에게 암시를 준다. 이러한 암시에 민감한 것은 상담 과정에서 중요한 부분이다.

만일 한쪽으로 치우친다면 짧은 쪽으로 치우치는 것이 낫다. 환자는 상담자에게 조금 더 머물라고 간청할 수도 있고 또 간청할 것이기 때문이다. 아무리 상담자가 환자를 잘 안다 하더라도 결코 의사나 간호사의 역할을 행하지 않도록 주의해야 한다. 즉, 상담자는 상담에서의 자신의 역할을 인식하고 거기서 벗어나지 않아야 한다.

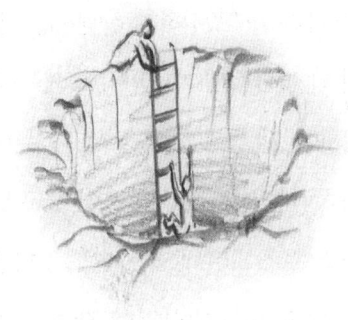

6. 인간의 영은 더 이상 인간을 조정하지 못하는가?

인류는 창세 이래로 질병으로 말미암아 고통과 고독 그리고 죽음의 위협과 아픔을 겪으며 살아왔다. 현대 문명과 과학이 급속히 발달하면서 생활은 여러모로 편리하게 되었고 육체적 건강과 수명은 향상되었지만 정신적 혼란과 난치의 질환은 늘어나고 있다. 우리나라도 지난 30여 년간의 경제발전과 공업화 과정으로 우리의 사회구조와 의식구조에 있어 많은 변화를 가져왔다.

전통적인 대가족 제도가 완전히 핵가족 구조로 변모되었고 나아가 다양한 가족 구조로 분화되고 있다. 이에 따라 의식구조 또한 급격한 변화를 가져왔다. 요즘에는 심지어 가모장 가정이 전체 29%을 차지하고 있으며 경제적 주도권을 쥔 여성이 늘며 자연스레 남녀역할은 변하고 있다. 남편에게 아내가 하는 말 "조신하게 살림하는 남자가 최고지. 돈은 내가 벌 테니" "어디 남자가 아침부터 인상을 써" "남자 목소리가 담장을 넘으면 패가망신하는 거 몰라?" 애 잘 보는 '뉴마초맨'이 등장하고 전통적 가치관 붕괴로 각종 범죄율, 이혼율이 늘고 있으며 도시인과 근로자들의 질병이 늘고 있다. 또한 교회 안에도 질병으로 고통당하는 성도들이 늘고 있다. 질병에 의해 고통받는 환자는 절대적인 약자이다.

이들은 스스로 존립할 수 있는 힘과 능력을 상실한다. 질병의 정도가 심할수록 그들의 상실 정도는 크고 깊다. 이들의 회복에는 많은 도움이 필요하다. 의학적인 도움은 물론이거니와 질병을 야기했던 모든 문제들을 해소시키거나 완화시킬 도움을 필요로 한다.

인간의 영은 더 이상 인간을 조정하거나 다스릴 수 있는 권한을 상실하고 말았다. 그리하여 사람들은 혼(독단적인 의지, 냉철한 지성, 또는 강렬한 열정)의 지배를 받게 되거나 육체의 충동과 본능에 따라 움직이게 된 것이다(빌 3:19, 잠 27:4, 딤전 6:17). 또한 그 결과 초래되는 인간의 분열과 장애는 스트레스 상태로 치닫게 만들며(시 38:1-18), 갖가지 형태의 질병과 신체장애를 유발시키는 원인을 제공한다.

때때로 질병은 그 사람의 죄의 직접적인 결과로 나타나기도 한다.
베데스다 못가의 병자의 이야기가 그것을 말해주는데 예수님께서는 그에게 이렇게 주의를 주셨다. "보라 네가 나았으니 더 심한 것이 생기지 않게 다시는 죄를 범치 말라"(요 5:14).
또 이와 유사하게 예수님께서는 중풍병자를 치유하실 때 죄의 용서와 육신의 치유를 직접 연관시키신 것을 볼 수 있다(눅 5:18-24). 그리고 고린도교회에 보내는 편지에서 바울은 심신의 장애가 발생하는 데에 대한 주의를 주고 있다. "주의 몸을 분변치 못하고 먹고 마시는 자는 자기의 죄를 먹고 마시는 것이니라 이러므로 너희 중에 약한 자와 병든 자가 많고 잠자는 자도 적지 아니하니"(고전 11:29-30)
쓴 뿌리와 원한과 용서치 않음 등과 같은 죄 된 태도로 인해 치유의 장애가 되기도 하지만 실제로 개인의 질병과 개인의 죄 사이에 직접적인 연관이 없는 경우가 많다. 우리나 혹은 다른 사람이 병에 걸렸을 때마다 그것을 꼭 죄 때문에 그렇다고 생각해서는 안 된다.

예수님의 제자들은 분명히 병인론에 대한 설명을 들으려고 날 때부터 소경인 사람에 관해 여쭌 적이 있었다."랍비여 이 사람이 난 것이 뉘 죄로 인함이오니까 자기오니이까 그 부모 오니이까 예수께서 대답하시되 이 사람이나 그 부모가 죄를 범한 것이 아니라"(요 9:2, 3).

질병과 갖가지 질환에 대한 감수성을 가지고 있는 것은 우리가 죄의 영향권 아래 있는 인간이며 마귀의 지배하에 있는 세상의 체제 속에서 살고 있기 때문이다. 다시 말해 우리는 나머지 인간 종족과 더불어 물리적, 심리적, 사회적 연대 속에서 인간의 고충을 함께 느낄 수밖에 없으며 또한 질병에 대해서도 함께 겪을 수밖에 없는 처지라는 것이다.

죄와 질병의 연계성은 개인적이라기보다는 오히려 총체적이다.

성경은 앞으로 우리가 죄를 짓지 않을 것이라고 약속하고 있지 않다. 우리가 죄를 짓는다면 우리에게 대언자 곧 의로우신 예수 그리스도가 있다고 말씀한다(요일 2:1). 마찬가지로 우리가 그리스도인이기 때문에 안으로는 절대로 질병에 걸리지 않을 것이라고 셜코 말씀하지 않는다.

다만 우리가 병에 걸린다면 우리가 나음을 입기 위한 수단이 마련되어 있다고 하는 것이다. 성경에 나와 있는 모든 말씀들은 죄와 함께 질병 또한 구원의 섭리 가운데 같은 방식으로 처리되는 것으로 말씀하고 있다.

7. 하나님의 행위, 사람의 행위

벼락을 맞아 길 위에 쓰러진 나무를 들이받았다면 우리는 그것을 "하나님의 행위"라고 말한다. 술 취한 운전자가 그를 들이받았다면 부상당한 사람이나 하나님께는 책임이 없고 술 취한 운전자에게 책임이 있다고 말할 것이다. 사고에 대한 궁극적인 책임을 논하는 이러한 시도는 결국 아무런 쓸모없는 헛된 일이라는 것이 분명하다. 그럼에도 불구하고, 개인적으로 비극과 재난을 당할 때에는 "왜?"라는 질문을 제기한다. 그렇지만 비난하거나 책임을 전가하는 것이 더러는 필요하기도 하고 혹은 위안을 주기도 한다.

이러한 질문에 대답해 나가는 과정은 그 사람의 영적인 건강 수준을 나타낸다. 다른 방법으로 말하면, 질문은 "어느 정도 하나님께서 인간 역사의 과정에 개입하시는가?"라는 것이다. 경건주의자는 "완전한 개입한다."라고 대답하고 인본주의자는 "전혀 개입하지 않는다."라고 대답한다.

이 두 극단 사이에 건전한 균형이 유지되어야 한다. 성경은 아버지께서 허락하지 아니하시면 참새 하나라도 떨어지지 아니하고, 또 우리의 머리털까지도 다 세신 바 되었다고 분명하게 선포하고 있다.(마 10:29-30). 또한 성경은 개인적인 근거에서 하나님께서 분명히 개입하시지 않는 자연적인 사건이 일어난다는 것을 가르쳐 주고 있다.

다시 말하지만, 하나님께서 어느 정도 개입하시는가를 정확하게 확인하려는 노력은 헛된 시도인 것이다.

영적으로 건강한 사람은 하나님의 주권과 인간의 자유의지를 정확하게 공식화하는데 의지하지 않는다. 그의 신학의 목표는 하나님을 제한된 틀 속에 가두는 것이 아니다. 그는 어느 정도의 모호한 상태에서 살 수 있다. 그는 모든 신적인 신비를 알 필요가 없다. 그는 하나님께서 그에게 날마다 새롭게 하나님 자신을 깨닫게 하시고 이해하게 하실 것이라는 것을 확신한다.

이러한 종류의 확신이 있을 때에, 인간은 끊임없이 일어나는 놀라운 사건과 신기한 일에도 너그러워질 수 있고 하나님께 대한 경외심을 유지할 수 있으며 하나님께 대해 별다른 추측을 하지 않을 수 있는 것이다. 이 확신은 하나님께서 한 사람의 삶에 새로운 어떤 일을 행하실 때에 금이 가서 깨어지기 쉬운 그러한 믿음이 아니다.

그 믿음은 그것이 대답할 수 있는 것보다 더 많은 질문을 한다. 그것은 인간의 삶 전체에 스며들어서는 모든 삶에 있어서의 하나님의 뜻을 올바로 알게 해 준다. 그러나 질병을 앓는 그 사람은 육체적인 건강뿐만 아니라 영적인 건강도 분명히 약해져 있기 마련이다. 그러므로 상담자는 고통과 주권과 같은 문제를 통하여 환자의 활동을 촉진시키도록 부탁을 받을 것이다.

영적으로 건강한 사람의 세 번째 특징은 하나님의 형상과 일치한다는 것이다. 하나님께서는 자신의 형상대로 인간을 창조하심으로 인간을 창조의 최고 지위로서 확증하셨다. 인간은, 육체적인 모습은 하나님과 같지 않지만 영적인 능력은 하나님을 닮았다. 하나님을 완전히 반영한다는 것은 하나님께 응답할 수 있다는 것을 의미한다.

이러한 의사 전달에는 두 가지 요소가 있는데, 하나는 하나님께서 말씀하시는 것을 듣는 것이고, 다른 하나는 하나님께 말하는 것이다.

예언자들과 환상을 보는 사람들은 언제 어디서나 그들에게 말씀하시는 하나님의 음성을 들으라고 주장한다. 영적인 완전함은 하나님과의 관계가 아주 친밀하여 대화가 자연스럽다는 것을 의미한다. 아브라함과 모세와 같은 성경의 인물들은 하나님과 이런 접촉을 가졌다.

신약 시대에 있어서, 부활하신 주님께서는 바울과 요한과 같은 사람들에게 말씀하셨다. 오늘날에도 하나님께서는 듣고자 하는 자에게 말씀하신다. 하나님께서는 자연을 통하여 말씀하시며 기록된 계시인 성경을 통하여 말씀하신다.

영적으로 건강한 사람은 성경을 가까이하고자 노력하는데, 성경에서 멀어지면 하나님의 음성을 명확하게 깨달을 수 없기 때문이다. 영적으로 건강한 사람은 황홀한 환상이나 꿈을 의지하지 않으며 그러한 것을 기대하지도 않는다. 그들은 하나님과의 관계가 아주 밀접해서, 하나님께서는 성경에서 말씀하신 것을 잘 이해하게 해주신다.

하나님께서는 인간에게 영적 분별력을 주신다.

영적으로 완전한 사람은 하나님께 이야기할 때에 특별한 어휘나 "술수"를 사용하지 않는다. 기도는 인격적인 관계의 자연적인 부산물이다.

기도는 자신을 하나님께로 확장시키는 것이다. 이러한 기도는 은밀한 형식을 띠지 않으며, 생각과 말이 단순한 것이 그 특징이다.

길이보다는 깊이로 측정된다. 그러한 기도는 단지 그 관계가 변함이 없기를 바라는 것 외에는 아무것도 바라지 않는다. 즉, 그것은 요구하거나 감언이설로 속이지 않는다. 이러한 기도의 효과는 영적 건강의 첫 번째 두 가지 영역인 사랑과 믿음에 의해 좌우된다. 어떤 사람이 하나님의 사랑을 받아들일 때, 그 사람은 자신의 기도가 응답될 것이라는 것을 확신할 수 있다.

하나님의 섭리적인 계획을 믿을 때에, 그러한 응답이 자신에게 최선의 이익이 된다고 확신할 수 있다. 효과적인 기도는 광적이거나 요구하는 것이 아닌 영적인 평정을 가져다준다.

이러한 하나님과의 교제 안에서 성례전은 완성된다. 다른 사람에 대한 봉사는 자연적이며 만족을 주는 것이다. 삶과 죽음 모두에 의미를 부여하는 사랑은 이러한 종류의 하나님과의 관계에서 생긴다. 육체와 마음과 영혼이 합하여 하나의 완전한 인간을 완성한다. 건강과 안녕은 이러한 일치의 특징이다.

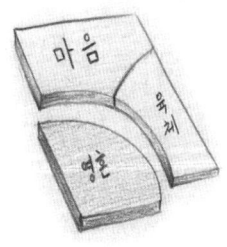

8. 치유의 장애물들

인류는 창세 이래로 질병으로 말미암아 고통과 고독 그리고 죽음의 위협과 아픔을 겪으며 살아왔다. 현대 문명과 과학이 급속히 발달하면서 생활은 여러모로 편리하게 되었고 육체적 건강과 수명은 향상되었지만 정신적 혼란과 난치의 질환은 점점 늘어나고 있다. 우리나라도 지난 2수십 년간의 경제발전과 공업화 과정으로 우리의 사회구조와 의식구조에 있어 많은 변화를 가져왔다.

전통적인 대가족제도가 핵가족 구조로 변모되었다. 그리고 이머징 가족 구조로 급속히 변모하고 이에 따라 의식구조 또한 급격한 변화를 가져왔다.

도시인과 근로자들의 질병이 늘고 있으며 전통적 가치관 붕괴로 각종 범죄율, 이혼율이 늘고 있다. 그러므로 교회는 이러한 사람들을 위로하고 양육하는데 있어 성경적 치유를 믿고 인정하는 사역이 필요하다. 예수님께서는 친히 중풍병자를 고치시며 귀머거리와 눈먼 자를 치료하셨다. 귀신에 눌려서 병으로 고통 하는 자를 낫게 하셨다.

초대 교회의 사도들도 복음전도를 위하여 병든 자들을 고치는 사역을 했다. 그러나 치유는 교회에서 오랫동안 무시되어 오고 있다. 그리고 교회의 불신앙 때문에 신유가 교회를 떠났었다는 것을 기억해야 한다. 그러나 최근에 우리나라에서도 치유 목회 분야의 관심이 크게 높아졌다는 것은 다행한 일이 아닐 수 없다.

치유목회는 전인과 환경 전체에 대한 치유를 의미한다. 병든 인간이 사죄를 병들게 한다. 또한 병든 사회가 인간을 병들게 한다. 그러나 치유목회는 인간의 모든 질병으로부터의 완치를 목적으로 하지는 않는다. 치유목회는 회복을 위한 목회이다. 치유목회는 병든 인간을 돌봄으로서 병든 인간의 고통이 감소되고 상처가 아물어져 가는 것으로 기뻐하는 목회이다.

질병 중에서 고통 하는 수많은 사람들이 우리 곁에서 도움을 요청하고 있고 목회자와 교회는 치유에 관한 올바른 이해를 통해 질병의 치유를 위한 적극적인 봉사와 섬김을 잘 감당해야 될 것이 다.

치유의 과정 가운데 놓인 장애물을 기꺼이 처리하고자 하는 마음이 어느 정도인지에 따라 치유받으려는 우리의 열망이 나타난다. 이것은 치유를 위해 기도를 받는 사람은 물론이고 병자를 위해 기도하는 사람에게도 해당된다(약 5:16).

치유성령 현상에서 놀라운 일들이 일어나고 있지만 치유를 방해하는 조건들이 있음을 발견하게 된다. 이 문제들을 처리하지 않고는 온전케 되는 치유를 경험하기 어렵다. 성경적 배경에서 그 몇 가지들을 제시해 본다.

1. 고백하지 않은 죄(시 31:10, 32:5)

죄악은 마태복음 9:1-8에 나오는 중풍병자의 경우와 같이 많은 질병의 원인이 되고 있다. 따라서 예수님께서는 죄의 문제를 처리하시고 난 다음 병을 고치셨다. 베데스다 연못의 38년 된 병자도 병의 근원이 죄의 문제였던 것이다(요 5:12-18). 만일 우리가 성령께서 하시는 책망을 듣지 않고 죄를 해결하시려는 성령의 역사를 거부한다면 동시에 우리는 치유하시는 성령의 능력에 대해서도 거부하는 결과가 된다.

2. 분노와 원한(욥 5:2, 18:4)

이러한 태도는 질병의 원인이 되기도 하지만 우리가 병에 걸렸을 때 이런 태도를 지니게 되면 치유를 방해하는 요인으로 작용한다. 우리가 병에 걸리면 건강한 사람들에 대해 쓴 뿌리가 생길 수 있다. 부모나 하나님께 대해 쓴 뿌리가 생길 수 있는 것이다(선천적인 질환이나 신체장애의 경우). 쓴 뿌리는 더러움을 입히고(히 12:15) 하나님으로 하여금 그 상황에 대해 아무런 말씀도 못하시게 만든다. 그래서 마치 하나님께서 우리의 쓴 뿌리를 정당화하시는 것처럼 보일 수도 있다. 그러나 이 때문에 하나님께서는 우리 안에 오셔서 우리를 고치시지 못하는 것이다.

만일, 우리가 하나님께 대해 쓴 뿌리를 가지고 있었다면 우리는 회개해야 하며 하나님의 용서를 청해야 한다. 또 다른 사람이 상처를 주었기 때문에 쓴 뿌리가 생긴 경우라면 우리는 그들을 용서하고 그들에게 품었던 나쁜 태도를 회개해야 한다. 부모님께 쓴 뿌리를 가졌다면 우리는 회개하고 부모님을 존경해야 한다.

다음과 같은 명령이 주어지게 된 상황을 생각해 보라. "네 아버지와 어머니를 공경하라 이것이 약속 있는 첫 계명이니 이는 네가 잘 되고 땅에

서 장수하리라"(엡 6:2-3)

종종 원한과 쓴 뿌리를 해결하는 것만으로도 치유가 일어나는 것을 본다. 또 다른 경우는 그러한 장애물이 제거된 뒤에도 계속해서 치유가 필요한 경우가 있다.

3. 내적 상처

육체의 질병이 감정상의 문제로 나타난 것일 때에는 육체적인 치유가 있기 전에 먼저 내적 치유가 필요하다(시 147:3). 이 문제는 매우 중요하기 때문에 나중에 더 상세히 다루기로 하겠다.

4. 잘못된 태도

이것은 우리의 믿음을 가로막고 치유받는 것을 방해한다.

(1) 시기(약 3:16) 야고보는 우환과 모든 악한 일이 생기는 것을 마귀적인 것으로 규정하고 있다.

(2) 용서치 않는 심령. 이런 마음이 있으면 사단의 세력에게 우리의 삶을 개방하는 것이 된다. 반면 예수님께서는 용서를 믿음과 연계시키시고 있다(눅 17:3-6).

(3) 부부간의 불화. 기도가 막히지 않도록 부부간의 화목과 이해가 특별히 강조된다(벧전 3:1-9).

5. 비술에 의한 치유나 개입(마 24:24, 살후 2:9-10)

여기에는 심령술의 여러 가지 수단들, 즉 색채요법(color therapy), 점술,

기타 비술적 행위에 의한 치유가 포함된다. 치유를 받기 위해 이런 수단을 이용하는 경우, 오히려 문제는 육체적인 것에서 심령 적인 것으로 이전된다.

그러나 믿음이 들어오면 이 모든 것들은 깨지고 만다. 회심하기 전에 비술을 접한 일이 있을 때에는 여전히 묶임이 남아 있을 수 있는데 이것은 깨뜨려져야 한다. 한편 부모나 조부모에 의해 비술이 행해진 사실이 있을 때 그 영향을 자신이 받는 경우도 종종 있다. 이러한 묶임은 비술을 접했던 일을 고백하고 밝히 드러난 다음 기도함으로써 끊어진다.

6. 불신앙(히 3:12)

믿음은 하나님의 말씀이 우리 마음에 뿌려졌을 때 생기는 것처럼 불신앙도 사단이 우리 마음에 씨를 뿌림으로써 생긴다. 불신앙은 예수님의 보혈로 깨끗이 씻어져야 한다. 이러한 불신앙은 불순종을 낳고 하나님께 대한 불신을 가져오는데 이런 불신앙의 죄를 우리는 회개하여야 한다.

이와 같은 불신앙은 예수님을 의아하게 만들었는데(막 6:6) 이것이 예수님께 대하여 강퍅한 마음을 일으키기 때문이다(막 16:14).

7. 무분별한 생활(고전 11:28-30)

그리스도의 몸에 합당치 않게 참여하는 경우가 있다. 이것은 주의 만찬에 참여하는 예절 그 이상의 문제가 있는 것이다. 그것은 주의 만찬이 상징하는 것, 즉 예수 그리스도의 삶을 우리가 함께 나누는 것을 포함하는 문제이다. 그러므로 그리스도인으로서 우리의 모든 삶의 행보에 대하여 지속적인 분별이 필요하다.

9. 또 다시 요구되는 치유목회

하나님이 그리스도를 믿는 모든 사람들에게 성령을 통하여 거져주시는 성령의 은사는 그 자체를 위한 것이라기보다는 그리스도의 몸 된 교회를 섬기기 위한 것이다. 신약성경에 있어서 성령의 은사는 언제나 공동체를 위한 봉사와 결부되어 있고 공동체의 관계 속에서 언급되고 있다.

치유는 성령의 여러 은사 중의 하나이다. 성경에는 병 고침의 예가 수없이 많이 나타나며 교회 역사를 통해서도 많이 있다. 치유는 구원의 실제적 체험이며 하나님 나라와 메시아 임재의 감격을 가져온다. 오늘도 성령의 능력으로 역사하는 곳이면 신유의 역사는 나타날 수 있다.

교회는 예수의 사역을 계속하는 사명을 맡은 그리스도의 교회이기 때문에 치유하는 교회가 되어야 한다.

목회 상담자는 이 사역의 중심에 서 있다. 예수님과 그의 제자들의 사역이 그러했듯이 목회 상담자 또한 치유사역에 깊은 관심을 가져야 하고 참여해야 한다. 즉, 목회의 모든 일들은 치유의 사역과 밀접한 관계를 가지고 행해져야 한다. 설교는 그 자체에 목적이 있는 것은 아니다.

교육도 그 자체가 목적이 될 수 없다. 설교와 교육은 치유와 관계를 맺어야 한다. 치유목회는 육체적 질병을 포함한 전인과 환경 전체에 대한 목회이다.

병든 상태에 있는 인간을 회복시키기 위한 목회가 치유목회이다. 인간의 고통이 감소되고 상처가 아물어져 가는 것으로 기뻐하면서 보살피는 것이 치유목회이다.

특히, 목회 상담자는 치유목회를 상담학적 차원에서 접근하는 사람이다. 그러나 그것은 좁은 의미의 상담으로 끝나서는 안 될 것이다. 상담은 치유목회 전체와 관련되어야 한다. 그러기 위해서는 상담자는 질병과 치유에 대한 포괄적인 이해와 경험을 소유해야 한다.

그리스도의 치유의 특성은 자신을 구세주, 메시아라는 자기 인식에 근거한 복음 선포의 한 부분을 보여 주며, 그의 치유 사역은 악의 세력에 대한 그리스도의 승리를 나타내고 있다(눅11:20-23). 반면 병자들을 볼 때 민망히 여기고 불쌍히 여기셨는데 바로 그의 치유 사역은 그리스도의 사랑과 자비심을 보여줌을 알 수 있다(마 9:36, 요9:35-36).

그는 치유를 통하여 대속의 은총을 허락하신다. 그는 전인 치유의 대의사(Total Healer)로서 인간의 영혼만이 아니라 완전한 개인으로서의 구원을 주시기 위하여 오셨다. 그의 치유는 풍성한 삶을 주실 뿐 아니라(요 10:10) 하나님의 형상 안에서 잃어버린 인간을 회복시키는 선교였다.

즉, 육체와 영혼을 함께 치유하시면서 어느 한 면도 간과하지 않으시고 다양한 내용을 가지고 전인성을 치유하여 주셨다. 다시 말하면 육신의 치유와 죄 사함의 선포를 하시거나 다시는 범죄 하지 말 것을 경고하심으로(눅 5:20, 요 8:11) 육체 및 그 육체에 속한 악한 세력까지 소급하여 승리를 선포하심으로 전인치유를 이루셨다.

예수의 치유사역의 또 하나의 특성은 제자들을 통하여 지속적으로 이루어져 나갈 것을 명령하신 것이다. 그의 제자들에게 천국 복음을 전파할 뿐 아니라 병든 자를 고치며 귀신들린 자를 바로잡고 앉은뱅이와 반신불수를 일으켜 세우라고 명령하시고 실제적인 권능도 주심으로 그의 치유 사역이 계속되기를 기대하고 있음을 발견할 수 있고(마 10:7-8, 막 3:14-15), 이런 놀라운 능력이 그의 제자들을 통하여 실제로 나타났으며 지속되어온 것이 사실이다(행 2.33, 4:30).

예수의 치유 방법은 도움을 필요로 하는 사람들로부터 믿음을 요구하시거나 혹은 그들에게 손을 대시고 아니면 다양한 물질적인 매개물을 사용하였다. 가장 일반적인 치유 방법은 병자들에게 말을 거는 것과 그들의 몸에 손을 대시는 것이었다. 구체적으로 열거해 보면 침을 사용하신 경우(3번), 예수의 몸에 손을 대거나 옷을 만졌을 때 일어난 경우(막 5:25-34), 죽은 나사로를 살릴 때 드린 예수의 감사의 기도(요 11:41-44), 어머니의 간절한 기도로 치유된 딸(마 15:25-28) 등 예수의 치유에 있어서 당사자의 믿음이 유력한 요소로 작용하였던 예들을 찾아볼 수 있다. 또한 몇몇 치유 기사들에는 제3의 믿음이 치유의 중요한 요소로 언급되었다.

예수님의 제자들에게도 치유는 사역의 중요한 요소였다. 사도행전 3장에는 나사렛 예수 그리스도의 이름으로 앉은뱅이를 일으킨 베드로와 요한의 기사가 나오고(6-7), 사도행전 5장에는 허다한 무리들이 모여 병든 사람과 더러운 귀신에게 괴로움을 받는 사람을 데리고 와서 그들이 성령의 치유 능력에 의하여 고침 받는 것을 목격하였다(14-16).

바울은 아나니아의 기도로 병 낫는 체험을 하였던 사람이다(행 9:15-19). 그는 루스드라에서 발을 쓰지 못하고 앉은뱅이 된 자를 보고 "큰 소리로 가로되 네 발로 바로 일어서라"(행 14:10)하여 고쳐 주었다. 사도들의 치유 능력은 오직 주님이 주신 것으로, 이 능력으로 예수가 메시아 되심과 복음 전파에 놀라운 효과를 거두게 되었다.

그들은 치유 사역을 감당할 때마다 예수 그리스도의 이름을 높였으며 자신들은 주님의 능력을 전하는 전달자의 역할을 한 것이라고 강조하고 있다.

오늘날 엄청난 사람들이 질병에서 고통당하고 있다. 크리스천들도 예외는 아니다. 이때 목회자들을 통하여 그 병을 치유하고 하나님의 형상으로 회복시키는 역할이 기대되고 있다.

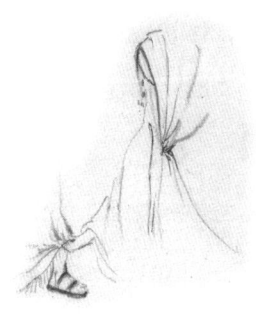

10. 성인병 중 고혈압을 정복해야

성인병이라는 말이 등장한 시기는 그리 오래지 않다. 예전의 주요 사인은 페스트 같은 전염병이었지만, 19세기 후반 들어 세균학의 발달로 예방과 치료의 기술이 발달로 전염병으로 인한 사망자는 줄어들고 평균 수명이 증가함에 따라 성인병으로 사망하는 인구가 늘어나고 있다.

성인병이라고 일컬어지는 여러 가지 질환은 현대 사회가 경제적으로 풍요로워지고 의학이 발전함에 따라 대두되기 시작했다. 경제적 풍요는 사람들에게 필요 이상의 영양 섭취를 하게 하였다. 비만은 질병은 아니지만 거의 모든 성인병의 원인이 될 만큼 건강상 좋은 않은 영향을 주었다. 운동 부족도 이에 커다란 몫을 차지하게 되었다.

성인병이라고 일컫는 여러 가지 질환들은 만성적이며, 고질적인 퇴행성 질환(degenerative disease)이며, 주로 중년기 이후의 성인들에게 발생되기 때문에 붙여진 것이다. 성인병에는 고혈압, 동맥경화, 관상동맥(경화)성 심장질환, 협심증, 심근경색증, 급사, 뇌졸중, 당뇨병 등 여러 가지가 있다.

고혈압은 모든 성인병, 특히 순환기 계통의 퇴행성 질환의 근원적 원인이 되는 만성병인데, 가장 혼하고도 관리가 잘 안 되는 성인병이라 말할 수 있겠다. 인간의 생활이 도시화, 공업화, 복잡화되고 평균수명이 연장되어 인구가 노령화되어 갈수록 고혈압의 빈도, 즉 유병률은 높아지고 있다.

일부 신빙성 있는 조사 통계에 의하면 우리나라에선 고혈압의 유병률이 성인에선 20% 정도로 추정되는데, 40대 이후 중년층에서 가장 많은 성인병으로서 특히 뇌출혈, 심장병, 신장병 등을 합병증으로 초래하여 가장 높은 치사율을 보이는 주요 사인이 되기 때문에 매우 큰 문제가 되는 것이다.

정상 혈압은 루섹(Russek)에 의해 한때 자기 연령에 100을 더한 수치를 수축기 혈압의 지표로 하였으나 비과학적이며 연령별이나 기타 생물학적 변수 등에 맞지 않아 이젠 쓰지 않고 있다. 마슬러(Mastler) 등은 성별, 연령별로 정상 범위를 제시한 바 있다.

그러나 정확히 어느 정도까지가 정상이고 얼마부터가 고혈압이라고 단언하기는 매우 어려운 것이다. 왜냐하면 혈압이란 사람마다 다르고 환경상태에 따라서도 달라지기 때문이다. 고혈압과 정상적인 혈압을 판가름할 수 있는 전 세계적으로 통용될 수 있는 기준을 세계보건기구(WHO)에서 정하였는데, 현재 세계의 여러 나라에서 이 기준에 따라 혈압 상태를 규정하고 있으며 그 4단계는 다음과 같다.

저혈압(hypotension)이라 함은 최고 혈압(수축기압)이 100mmHg 이하이고, 최저 혈압(확장기압)이 60mmHg 이하인 경우. 정상혈압(normotension)은 최고가 140mmHg 이하, 최저가 90mmHg 이하인 경우. 경계역 고혈압(borderline hypertension)은 최고가 140~160mmHg, 최저가 90~95mmHg인 경우. 고혈압(hypertension)은 최고가 160mmHg 이상, 최저가 95mmHg 이상인 경우이다.

이 기준은 현재 우리나라에서도 매우 많이 사용되고 있다. 여기서 주의할 것은 혈압을 한번 측정할 것이 아니라 하루 중에도 혈압은 여러 원인과 환경 상태 등에 따라 변동하기 쉬우므로 적어도 3~4일간 하루 3~4회씩 안정한 상태에서 측정하여 혈압 상태의 경향을 파악하려 이를 판정하는 것이 정확하다.

고혈압의 원인은 매우 복잡하고 어려워 그 원인 규명이 용이하지만은 않다. 특히 대부분(75~90%)을 차지하는 본 태성 고혈압은 원인 불명으로 유전적 소인이 있으며, 일상 식생활에서 염분의 과다 섭취량, 고지방식이나 과잉 영양 등에 의한 비만, 과식, 과음, 흡연 등의 여러 위험 요인 등이 문제가 되는데, 보통 20대 후반이나 30대 초에서 시작되어 서서히 진행되며 오래 경과함에 따라 뇌, 심장, 신장 등의 주요 장기에 혈관성 병변을 가져온다. 이러한 고혈압을 일 차성 고혈압이라고도 한다.

또 원인을 알 수 있는 속발성인 이 차성 고혈압이 있는데, 이는 신성, 내분비성, 혈관성, 신경계성 등으로 구분된다. 이 중에서도 신성 고혈압이 가장 많고 문제가 되는데, 신장에 사구체 신장염, 신우신염 등이 생기든지 부신에 갈색세포종이나 원발성 알도스테론증(aldosteron) 등이 있어 알도스테론이라는 호르몬의 분비가 지나치게 많든지, 신장동맥이 좁아져서 신동맥선 고혈압이 생겨 레닌(renin) 분비가 증가될 때 생기는 고혈압증인데, 고혈압의 약 10~25%가 이에 속한다.

그러나 최근 고혈압에 관한 연구가 급속히 발전됨에 따라 이 차성 고혈압에서 분리, 독립되는 질환이 많아져서, 현재 본 태성 즉, 일 차성 고혈압에 속하는 것 중에도 이 차성 고혈압으로 판명될 가능성이 많아지고 있다.

고혈압은 일반적으로 뚜렷한 증상이 없는 것이 보통이다. 그래서 오랫동안 고혈압이 진행되어 온 것을 모르고 있다가 신체검사나 정기 검진 등에서 우연히 발견되는 수가 많다. 따라서 성인병의 근원적 원인 질환인 고혈압을 일찍 발견, 색출해 내는 것이 매우 중요하다.

구태여 증상을 말한다면 뒷머리가 멍하다, 어지럽다, 귀에서 소리가 난다. 잠이 오지 않는다, 성격이 불안하여 성을 잘 낸다, 쉬 피로해진다, 가슴이 두근거린다, 충혈 현상이 잘 나타난다. 등의 증세를 호소하는 경우가 많다. 그러나 이런 증상은 고혈압과 직접적인 관계가 없는 경우도 있고, 또 증상이 나타난다 해도 개인차가 많은 것은 당연하다 하겠다.

고혈압은 그 자체가 무서운 것이 아니라 생명을 위협하는 여러가지 합병증들을 초래하기 때문에 이들 주요시하고 무서워하는 것이다. 주요 합병증들로는 뇌출혈, 뇌경색증, 동맥경화증, 심비대증, 심부전, 부정맥 심근경색증, 신부전 등인데 모두가 치명율이 높은 것들이다.

근자에 뇌압을 낮추고 뇌출혈, 뇌졸중을 전문으로 예방 치료하는 병원이 연희동에 생겨 관심을 끌고 있다. 특히 목회자들에게 인기가 높다. 필자도 뇌압으로 오랫동안 고통을 당했는데 이 병원에서 효과를 보았다. 심장에서 뇌로 올라가는 경추 동맥의 혈류량이 증가되면서 두통이 사라지고 양질의 수면을 경험하게 되었다.

치료는 크게 일반 요법과 약물 요법으로 나누어 볼 수 있는데, 원인 치료는 어려우므로 평소 예방에 치중하는 것이 가장 현명하고 최선의 관리대책이다.

일반 요법에는 정신적 안정, 적당한 신체적 운동, 체중조절 관리, 식사 관리, 특히 식염의 제한 고지혈증, 흡연, 음주, 비만, 당뇨병, 스트레스 등의 동맥경화증을 유발하는 여러 가지 위험 인자들의 제거 등이 있다.

약물요법은 가장 중요한 치료 방법의 하나가 되는데, 여기서 꼭 명심해야 할 것은 고혈압치료는 일생동안 지속적으로 정성껏 수행되어야 하기 때문에, 값이 싸고, 효과가 우수하며, 부작용이 없고, 복용 방법이 간편한 약제를 선택해야 하는 것이 철칙이다. 가장 적절한 약물 요법으로는 세계보건기구와 미국의 당해 전문위원회가 추천한 표준화된 전문 치료 방법인 단계적 요법이 있는데, 이 고혈압의 표준 치료 지침에 의거된 단계적 요법을 전문의 관리하에 적절하고도 철저하게 시행하면 매우 우수한 강압치료 효과를 볼 수 있다.

고혈압의 예방은 매우 어렵고 제한되어 있다. 항상 주의하여 일찍 발견하고 꾸준하게 철저히 치료·관리하는 것이 최선책이다. 일차적 예방을 위해서 평소 꾸준히 규칙적 운동을 하면서 식사 관리에 유의하여, 체중을 조절하거나 정상으로 유지하고, 흡연·음주·과로·긴장·흥분 등을 피할 것이며, 이차적 예방으로는 정기적으로 의사의 진찰과 검사를 받아, 이상 소견이 발견될 때는 즉시 신속하고도 적절한 전문적인 치료와 지도를 받아 정상을 되찾도록 최선을 다할 것이며, 꾸준한 치료를 통하여 합병증이나 후유증 등이 나타나지 않도록 최선의 관리를 하여야 하겠다.

바람직한 고혈압의 치료와 관리란 의사의 처방과 지도를 받아 평생 동안 치료제를 복용하면서 일상생활 중 항상 주의 사항 등을 철저히 준수하는 것이라 하겠다.

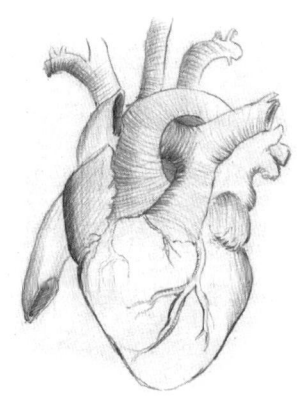

11. 치유의 역사는 전수되고 있다

치유는 교회사 가운데서도 계속 이루어져 왔다. 저스틴 마터(Justine Marter)는 강조하기를 기독교인들 중 성령의 역사가 다방면으로 나타났는데 어떤 사람은 분별의 은사를, 어떤 사람은 상담의 은사를 어떤 사람은 능력의 은사를 받았고 또 어떤 사람은 치유의 은사를 받았다는 것이다. 그는 치유를 영적인 은사로 받아들였다. 사도시대 뿐만이 아니고 고대 교부시대에도 주어진 영적인 은사를 생각했었다.

터툴리안(Tertulian)은 당대의 놀라운 저술가인데 그의 저서 "To Scapla"에서 귀신을 추방하고 치유하는 일들이 평민들에게는 물론 수많은 상류층의 사람들에게도 치유의 역사가 일어났다고 증언한다. 그는 그의 저서 중 「육신의 부활에 관하여서」에서 주장하기를 육체는 영속적인 중요성을 가지고 있으며 육체로부터 하나의 부활한 형태가 생겨나는데, 이것은 우리가 생각하는 바의 육체적인 것이 아니고 하나의 씨앗이 움이 트고 자라서 식물이 되는 것과 같다고 하였다.

터툴리안은 주님의 부활의 능력에서 나오는 치유의 힘을 믿었던 것이다.

오리겐(Origen)은 이집트에서 태어난 경건한 기독교 가정에서 양육을 받았다. 그는 평생을 기독교 서적을 집필하는데 온 정력을 쏟아 바친 사람이다. 그의 저서 「원리」란 책에서 성령의 은사를 받은 사람들에 대한 언급을 하였다. 그는 예수그리스도의 이름으로 사람의 마음속에 있는 혼란을 제거하고 귀신을 추방하며 질병을 제거할 수 있다고 강력히 주장하고 있다. 이런 관점에서 볼 때 고대 교부시대에도 치유 목회가 행하여 졌다는 것을 인정하지 아니할 수가 없다.

히포(Hippo)의 감독인 어거스틴은 라틴 교부 중 가장 위대한 사람으로 그의 저서「성 어거스틴의 고백」이라는 책을 썼는데 제9권 7장 16절에 치유의 기적에 관한 글을 쓰고 있다. 이 책에는 한 소경이 눈을 뜬 기적이 나오고 칼타고의 감독인 인노선트가 흉부암에서 나음을 입었다는 기적도 소개하고 있다.

그 외에도 수많은 이야기가 어거스틴이 저술한 책에 기록되어 있으며 그런 기적의 내용은 너무 많아서 일일이 쓸 수 없다고 하였다. 그래서 그는 여기에 소개한 것은 단지 치유의 일부분에 지나지 않는다고 고백하고 있다.

치유의 사역은 예수님과 사도들이 육신적으로 이미 그들과 같이 살고 있지 않는 고대 교부시대에도 역시 교회 안에서 중요한 위치를 차치하고 있었다. 예수님께서 사도들과 함께 계셨던 것처럼 고대 교부시대에도 역시 성령으로 그들과 함께 계셨던 것이나.

많은 사람들은 중세를 가리켜서 암흑시대라고 부른다. 그때에 가톨릭 교회가 서구 시대를 지배하였고 중세에서 교회는 모든 삶의 중심지였다. 암흑기라고 하나 이때에도 하나님은 교회에 대한 그의 사역을 계속 하였고 그중에 치유사역도 예외는 아니었다.

베드(Bede)는「영국의 교회사」라는 책에서 기적에 대한 사실을 자주 인용하고 있다. 그는 기록하기를 어떤 성직자가 기도하다가 10세의 소녀가 치유받은 사실과 제2권 2장에서 그는 소경이 눈을 뜬 사실을 언급했고 또 요한이라는 감독이 벙어리를 고치는 이야기가 소개되고 있으며, 병든 여종이 치유받은 이야기, 요한이 한 백작 부인의 병을 고치는 이야기, 그 백작의 종이 죽었다가 살아난 기사가 소개되고 있다.

앗시스의 성자 프란시스는 믿기 어려운 정도의 치유목회를 한 사람이다. 그는 토스키넬라에서 절름발이를 고쳤고 Narni에서는 중풍병자를 고쳤었다. 그는 악령에 시달리어 죽어가는 형제를 자유케 하였고 그가 안코나로 가던 도중 아에토라고하는 어떤 젊은이의 문둥병을 고쳐 주었으며, 귀머거리요 벙어리인 거지를 고쳐 주었다고 헤르만은 성 프란시스에 의한 여러 가지 치유를 소개하고 있다.

치유적 사역은 암흑기라고 하는 중세에서도 하나님의 사역자들을 통하여서 계속적으로 이어져 나왔고 교회 역사 밖에서 갑자기 생겨난 것이 아니고 바로 교회사의 흐름 속에서 계속되어 온 성령의 역사인 것이다. 이것이 곧 역사를 통하여 도도히 흐르고 있는 하나님의 권능이기도 한 것이다.

마틴 루터는 초기에는 치유의 사역을 부인하였다. 자기의 시대에는 치유역사가 일어나지 아니할 것으로 생각하였던 것이다. 그러나 그는 자신의 기도를 통하여 치유의 체험을 함으로써 비로소 치유의 기적을 인정한 것이다. 그의 친구였던 멜란히톤이 여행 중에 병으로 쓰러졌다. 어떤 사람이 이 소식을 루터에게 전하자 루터는 친구의 회복을 위하여 기도하였는데 멜란히톤은 곧 치유의 경험을 얻게 되었다. 그래서 그는 다음과 같이 그때 상황을 설명한다."루터가 나에게 기도를 해 주지 않았더라면 나는 틀림없이 죽었을 것이다." 이에 대하여 루터도 자기 친구들에게 다음과 같은 편지를 쓰고 있다.

"내가 그에게 갔을 때 그는 이미 죽어 있었지. 그러나 명백한 하나님의 기적으로 그는 살았어요!"

존 칼빈은 영혼의 구원을 강조하였고 가톨릭의 치유 기적에 대하여 무엇인가 그릇된 요소가 있는 것으로 보았다. 더욱이 그는 하나님으로부터 직접적으로 오는 힘을 믿었었다. 그의 치유의 시대가 지났다고 하면서도 충분히 성경을 지적하여 말하지는 못했다. 그가 이처럼 치유에 대한 반감을 가진 것은 중세 로마 가톨릭의 부패한 여러 면을 보았기 때문이다.

종교개혁 이후 시대의 인물로서 진젠돌프는 우리 사람으로는 치료불능인 난치병, 다시 말하면 암이나 폐병 같은 것으로 환자들이 죽음의 고뇌 속에 있을 때에 믿음으로 치유된 확실한 증거를 수없이 가지고 있다. 치유가 되는 증거와 사건을 많이 접하고 있다고 하였다.

요한 웨슬레도 하나님의 치유의 기적을 여러 곳에 소개하고 있다. 대부분 그가 치유목회를 통하여 친히 체험한 내용들이었다. 그리고 웜버는 그 밖의 여러 단체들에서도 일어난 치유 역사에 대하여 소개하고 있다. 즉, 모라비안 교도들, 퀘이커 교도들, 복음주의적 계혁교회 등은 신앙단체들로서 많은 치유의 기적이 일어났다고 설명하고 있다.

켈시는 오늘날의 기독교가 치유에 대하여 전과 다른 태도를 가지게 된 데에는 세 가지 이유가 있다고 주장한다.

첫째는, 신관과 인간관이 미묘하게도 점차적으로 변하게 되었다는 것이다. 이것은 서구 세계의 문명의 퇴보와도 연관된 것이다.

둘째는, 신학적 사고의 변천 때문이다. 플라톤의 세계관이 아리스토텔레스의 세계관에 의해서 대치되어 신학적 사고에 영향을 미친 것이다. 그래서 하나님과 인간과의 직접적인 접촉보다는 이성주의적 관점에 사람들의 관심이 모아지게 된 것이다. 그래서 치유의 역사가 설자리가 부족하게 된 것이다

셋째는, 이 기간 동안에 미신적인 신앙이 치유의 역사를 지지하고 나왔기 때문에 순수한 신앙으로서 치유의 역사도 오해를 받아 희생을 당하게 된 것이다.

프란시스 톰슨은 치유와 구원의 필요성을 깨닫고 1905년 「건강과 성결」이라는 책을 썼다. 그의 주장에 의하면 "우리는 더 이상 육체와 영혼을 대립적인 관계로 놓아서는 안 된다. 육체와 영혼이 서로 굳게 연합될 수 있도록 해야 한다."

영혼의 구원을 강조하는 것이 무엇보다 중요하다. 그러나 육체의 구원도 대단히 중요한 것이다. 예수님은 영혼을 구원하시기 위하여 말씀을 전하셨고 또한 육신의 병을 치유하시기 위하여 많은 병자에게 접근하셨다.

12. 폴 투니어(Paul Tournier)의 치유 범위

　　폴 투니어(Paul Tournier)는 사람의 질병에 대하여 질병 그 자체로 보지 않고 인격과 인격 그리고 삶과 연관시켜 보았다. 그래서 의학적인 치료만으로 완쾌될 수 없으며 그 원인에서부터 치료를 해야 근본적인 치료가 될 수 있다고 보았다.

　설사 의학적인 치료를 해서 병이 고쳐졌다 해도 그것은 일시적이며 다시 질병이 뒤따를 수 있다는 것이다. 우리의 건강을 좌우하는 가장 중대한 요소는 생의 양태이다. 자신의 단점과 그를 지배하는 열정과 고충, 반항과 의혹 그 저변에 깔린 불안으로 인하여 저항력이 약화되고 삶의 즐거움도 느끼지 못하며 아울러 이때 질병이 일어나는 것이다.

　인간은 몸, 마음, 영혼의 연관 관계에서 그 관계가 파괴될 때 질병이 발생된다. 빌리 그래함은 질병의 원인을 우리 삶의 모든 병, 모든 잘못 또한 질환의 원인이 되는 원죄로 보았다. 멕너트는 질병 그 자체가 악이며 저주라고 하여 질병을 구속되지 못한 인간 상황에 내려진 저주의 일부라고 하였다.

　질병에 있어서 인간은 육체적 정신적 영적 존재이므로 과학적인 객관성에 입각하여 물리적, 정신적, 영적인 요인들을 고려해 보아야 하는데 각 요소 중 한 요소가 영향을 받으면 다른 요소에 영향을 미치게 되고 평형이 파괴될 때 질병이 발생된다고 볼 수 있다면 치유의 범위도 마땅히 신체적, 정신적, 영적, 사회적, 환경적 치료까지 포함하는 전인격적 치유가 필요한 것이다.

따라서 치유의 범위는 생의 위기를 극복하고 귀신을 쫓아내며 도덕적 결함을 고치며, 본성적 또는 후천적 모든 결함과 와해를 회복시키며 완전하게 유지하고 인도하는 것은 물론 영적인 결함까지도 치유하는 모든 것이 됨을 의미한다.

질병의 치유를 위하여서는 그 질병의 원인과 그 질병의 경로를 발견케 될 때에 올바른 치유가 가능하다. 콜린스는 "질병은 여러 원인들로부터 오는 것이다. 즉 바이러스에 의한 감염, 병을 전염시키는 식물이나 동물과의 접촉, 영양이 적은 식물, 운동이나 체력 부족, 상처, 해로운 물질 섭취, 유전적 결함, 노쇠와 약화, 아주 뜨겁거나 차가운 것의 접촉 등으로부터 온다" 이를 정리해 보면 질병이 몸속에 들어와 고통을 주는데 세 가지 유형이 있음을 볼 수 있다.

죄는 영적인 요인이고, 나쁜 감정은 심리적 요인이며, 자연법칙을 깨뜨리는 것은 물리적인 요인이다.

(1) 영적 요인들(범죄)에 의한 질병

사람이 죄를 짓게 되면 하나님의 심판이 따른다. 아울러 죄를 회개하지 않는 자에게는 하나님의 심판이 그 위에 머물게 된다. 따라서 그를 인하여 인간의 영혼과 심령은 약하게 되고 점점 하나님과 거리가 생기며 결국은 그 틈을 타 평형상태를 깨뜨림으로 질병을 얻게 된다.

신명기 28장에는 인간이 하나님께 불순종한 죄를 범함으로 오는 질병이 열세 가지가 열거되어 있다(15-22).

결국 하나님의 백성들이 불순종할 때 그들은 하나님의 보호의 손길을 벗어나게 되고 하나님의 손길이 철수된 틈을 타서 온갖 질병이 들어오게 된다.

궁극적으로 죄란 사단의 종으로 지배받는 것이다. 인간이 사단에 복종한 죄의 보상은 질병과 고통과 죽음이다. 그래서 인간은 에덴동산을 잃어버렸고 동생을 살인하기에 이르렀으며, 일하는 수고와 해산하는 고통을 받게 되었다. 따라서 타락과 죄는 질병의 통로가 된다.

(2) 심리적 요인에 의한 질병

나쁜 감정들 즉 질투, 공포, 염려, 분노, 좌절, 후회, 용서 못한 마음, 쓴 감정, 자기중심의 감정 등은 질병이 들어오게 하는 요인이 된다. 욥은 큰 믿음의 사람이었으나 평소 두려워하던 악성 피부염에 대한 두려운 마음이 그를 사로잡고 있었을 때에 그는 병들었다.

심령의 근심은 뼈를 마르게 한다. 염려하는 마음이 들어오게 되면 질병이 시작된다는 것이다. 나쁜 감정들이 질병을 유발하는 이유는 정신이 신체에 큰 영향을 주고 있기 때문이다. 현대 심리학자들은 정신(Psyche)과 육체(Soma)가 매우 긴밀한 관계가 있다고 하여 정신 신체적 반응"(Psychosomatic reaction)이라는 말을 사용한다.

오늘날 많은 사람들이 질병을 앓고 있는 요소 중 하나가 나쁜 감정을 마음속에 고정시키고 있는 것으로 신경병 계통은 다 여기에 속한다고 볼 수 있다. 또한 우리 마음속에 나쁜 감정을 가질 때 스트레스가 증가

되는데 이런 스트레스가 신경계통에 악영향을 주어 신경세포와 연결된 조직세포의 기능이 약화되는 것이다.

이때에 병균이 틈타서 조직세포에 침투한다고 본다.

(3) 육체적인 요인들에 의한 질병

하나님의 창조물인 우리 인체는 매우 과학적이고 조직적으로 창조되었다. 그러므로 만일 몸속에 작용하는 자연법칙을 깨뜨려 버리면 몸을 지으신 하나님의 법을 어기는 결과가 되어 그 결과 아픔과 질병을 통한 고통이 시작되는 것이다. 다시 말하면 우리 인체 내에 주어진 자연법칙을 깨뜨려 버리면 병균이 몸속에 침투하고 병을 유발하게 된다.

구약성경에서 명사로 '치유'라는 의미로 사용되고 있는 단어는 두 가지가 있다. 그것은 '아룩하'와 '말페'이다. 전자는 의사가 상처를 고치기 위하여 사용하는 '긴 붕대'라는 뜻도 지니고 있는데, 예레미야 8장 22절, 30장 17절, 33장 6절에 사용되고 있다. 후자는 예레미야 14장 19절, 역대하 21장 18절에서 '치유' '고침'으로 고용되고 있는 것 외에 '원기회복'이란 뜻도 있다.

또한 잠언 4장 22절의 "온 육체의 건강이 됨이니라."와 12장 18절의 "지혜로운 자의 혀는 양약 같으니라."가 바로 이런 예이다.

구약성경에서 동사로 치유라는 의미의 단어는 '할람', '라파'이며, 명사 '아룩하'와 함께 '삼마하'가 사용되고 있다. 이것 중에서 가장 사용의 빈도수가 많은 것은 '라파'인데, 이것은 '상처를 고친다', '치료하다', '본래의 상태로 회복시키다', '수선되다', '위로하다' 등의 의미로 사용되었다.

신약 성경에서는 '쎄라퓨에인'과 · '이아스타이'가 '치유하다'라는 의미로 중요하게 사용되고 있다. '쎄라퓨에인'은 헬라 세계 속에서 비교 종교적인 의미로 '섬기다', '기꺼이 돕다' 등의 뜻을 가지고 있으며, 또한 이것은 '두이코네인', '둘레우에인'(노예가 되어 섬기다), '레이틀게인'(자기 돈으로 공적인 봉사를 하다) 등과 비슷한 의미를 가지고 있다.

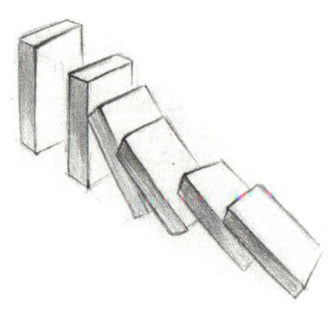

2부
정서장애

1. 미움을 억제하지 못하는 당신에게

<mark>미움을 억제하는데도 한계가 있지 않을까요?</mark>

문호 톨스토이는 말하기를 "사람에게서 가장 아름다운 인격자는 자신의 감정을 조절할 줄 아는 사람"이라고 했습니다.

사람에게는 자존심이라는 게 있고 감정이라는 것이 있습니다. 그래서 한국 속담에 사람은 감정의 동물이라고 말하기도 합니다. 지나가는 굼벵이도 밟으면 꿈틀하는데 나라고 어찌 가만히 당하고 살 수만 있겠느냐고 소리소리 지르는 사람들을 봅니다. 그런데 성경은 우리에게 이렇게 말합니다. "사람은 감정의 동물이 아니다."

어느 날 예수께서 기드론 시내 저편 동산에 가셨을 때 예수를 잡으려고 가룟 유다를 앞세운 로마 병정들과 대제사장이 와서 체포하려 할 때 자기 스승을 결박하는 모습을 본 베드로가 도저히 참고 보고만 있을 수 없어 칼을 뽑아 대제사장의 종, 말고의 귀를 쳐서 떨어뜨린 일이 일어났습니다.

이것을 본 예수님은 베드로를 향하여 꾸짖으시면서 "베드로야 그것까지도 참아라. 칼을 쓰는 자는 칼로 망하리라."고 하셨습니다.

감정을 이기지 못한 베드로를 꾸짖으신 주님의 말씀은 사람은 감정대로 행동해서는 안 된다는 말씀입니다. 많은 사람은 이렇게 이야기합니다. "참는 것도 한도가 있다." 그러나 주님은 이렇게 가르칩니다. "참는 것도 한도가 없다." 끝까지 참아야 합니다. 아홉 번 참다가 한번 참지 못하면 그 앞에 참은 것이 모두가 무효가 되기 때문입니다.

고린도전서 13장에 보면 그 유명한 사랑의 송기가 나옵니다. 믿음 · 소망 · 사랑이 다 필요하나 그 중에 제일은 사랑이라고 결론을 지으면서 사랑의 속성 중에 뺄 수 없는 것이 인내라고 했습니다. 사랑은 오래 참는다고 했습니다. 사랑은 성내지 않는다고 했습니다. 사랑은 모든 것을 견딘다고 했습니다.

참음이 없는 사랑은 사랑이 아닙니다. 자신의 감정을 다스리지 못하는 사람을 신앙인이라 말할 수 없습니다. 사도 바울은 자신의 감정을 십자가 밑에 사형시킨다고 했고 나는 날마다 죽는 생활을 한다고 고백하고 있습니다.

신앙생활이란 자신의 감정을 다스리는 생활입니다. 나를 쳐서 주께 복종시키는 생활입니다. 결코 세상을 감정대로 살지 마십시오. 성질대로 행동하면 이 세상에 남아날 것 아무 것도 없을 것입니다. 이기십시오. 자신의 삼성을 십자가 밑에 사형시키십시오. 내 속에 쓸개, 간 다 뽑아 버리고 예수 그리스도의 십자가로 채우십시오.

"베드로야, 그것까지도 참아라! 칼을 쓰는 자는 칼로 망하느니라."

주님의 음성을 귀담아 들으십시오. 사람은 결코 감정의 동물이 아니기에 감정대로 행동하면 실패합니다. 사람은 이성의 동물이요, 더 나아가 신앙의 동물입니다. 자신을 주께 복종시키는 신앙의 인격자가 되시기를 바랍니다.

2. 충동적인 분노 어떻게 해야 합니까?

분노를 느낄 때가 많습니다.

1775년 워싱턴이 매사추세츠 주 캠브리지 전투를 지휘하고 있을 때 화약이 떨어졌습니다. 그것은 패전을 뜻하였습니다. 워싱턴 장군은 글로버 대령에게 화약을 구해오도록 명령하였습니다. 그러나 화약이 있으리라고 생각했던 마블 헤드에도 화약은 동나서 빈손으로 돌아왔습니다.

워싱턴은 화풀이를 글로버에게 퍼부었습니다."차라리 죽어 돌아올 것이지 빈손으로 돌아왔단 말이냐!" 그러나 워싱턴은 2분 뒤에 얼른 사과하였습니다."미안하오. 공연히 화를 냈소. 내 손을 잡아주겠소?" 글로버 대령은 장군이 내미는 손을 힘차게 잡았습니다. 그의 눈에는 눈물이 고여 있었습니다. 대령은 부하들을 이끌고 그 자리에서 발길을 돌이켜 다시 화약을 구하러 떠났던 것입니다.

이런 작은 구석에서 워싱턴의 위대함을 봅니다. 사람은 감정의 동물이니까 화는 누구에게나 있습니다. 무조건 화를 안 내도 좋지 않습니다. 옳지 않음을 보고 화를 내는 의분이 있어야 개혁과 혁명 등이 가능한 것입니다. 그러나 대부분이 화는 단순히 감정의 격동임을 알 때, 화의 건설적인 승화는 두 가지의 문제를 가집니다.

하나는 자기의 화를 표현하는 방법의 문제이고 다른 하나는 일단 화를 표현한 뒤처리의 문제입니다.

화가 폭발하려고 할 때 심호흡을 하며 천천히 열을 셀 수 있는 사람은 돌이킬 수 없는 실수를 많이 예방할 수가 있을 깃입니다. 화를 낸 뒤의 처리는 워싱톤에게 배우면 됩니다. 2분 이내에 차분하게 사과할 수 있는 용기를 갖는다면 화의 후유증을 대개 앓지 않아도 될 것입니다.

워싱톤의 경우 상관이 부하에게 사과하는 용기는 본받을 만합니다.

링컨이 대통령으로 있을 때 군부 장성들 사이에 알력이 생겼습니다. 그중에서도 가장 성미가 급한 스탠튼(Stanton)장군은 링컨을 찾아와 화풀이를 털어 놓았습니다. 대통령은 그에게 "말로 하지 말고 화나는 일들을 샅샅이 적어서 나에게 가져오시오" 하고 말했습니다. 스탠튼은 대통령이 자기편을 들어주는 것으로 알고 이틀 동안 종이 열장에 장군 몇 사람에게 대한 비난을 적어왔습니다.

링컨은 종이를 받아들고 조용히 물었습니다."스탠튼 장군, 내가 이것을 읽기를 원하오? 혹은 읽지 않고 휴지통에 넣는 것이 낫겠소?" 잠깐 대통령의 얼굴을 쳐다보던 스탠튼은 싱긋이 웃으며 제 손으로 종이들을 구겨 휴지통에 넣는 것이었습니다. 이것은 요즘 임상심리학자들이 애용하는 방법인데 이미 120년 전에 링컨이 썼습니다.

링컨은 스탠튼에게 마음의 여유를 주었던 것입니다. 화는 말로 표현할 때는 잘 해결 안 돼도 문자로 적어보면 싱거워집니다. 문자화하는 경우는 그만큼 마음의 여유를 갖기 때문입니다. 철인 세네카는 "화에 대한 최선의 치유법은 속도 완화이다"라는 명언을 남겼습니다.

나는 소리 지르고 악을 썼다.

내 소리는 메아리처럼

받는 이 없고

힘없이 내게로 되돌아왔다.

나는 욕설을 뱉고 화를 냈다.

그것은 비수가 되어

지울 수 없는 상처들을 남겼다.

얼마나 많은 가슴들이 깨지고 얼마나 많은 친구들이 떠났을까

내일이면 후회할 말 때문에

저녁이면 식어질 화 때문에

화는 정의를 위하여 폭발시키면 사회개혁의 동력도 될 수 있으나 자기중심적인 감정의 폭발이라면 나 자신에게도 해롭고 남도 파괴시킵니다.

위대한 지휘가 토스카니니는 성질 급하기로도 유명합니다. 연습 중 화가 나면 무엇이나 집어던지던 습관이 있었는데 어느 날은 자기의 값진 시계를 집어 던졌습니다. 오케스트라 단원들이 성탄선물로 시계 두 개를 사주었습니다. 하나는 좋은 시계고 다른 하나는 싼 시계로서 이런 메모가 적혀있었습니다.

"이 시계는 연습 때만 차십시오."

3. 누가 이 공포로부터 해방시켜줄까?

옛날 동 로마 제국에서 전해 내려오는 전설 한 토막. 어떤 사람이 마차로 동로마제국의 수도인 콘스탄티노플로 들어가는데, 성 가까이에서 한 노파가 마차를 세운다."내가 이 성에 들어가려는데 좀 태워다 주구려." 그러자 나그네가 친절하게 그 할머니를 마차로 끌어 올렸는데, 아니, 이 노파의 모습이 어찌나 흉하게 생겼는지, 놀라 자빠질 지경이었다.

그래서 마차 주인이 물었다."할머니는 대체 누구시요?""나요? 나는 호열자 귀신이올시다.""호열자? 무서운 전염병 말이오? 그런데 우리 성엔 왜 들어옵니까? 사람 죽이러 옵니까?"

마차 주인은 그만 겁에 질린 듯, 노파를 마구 끌어 내리려 하였다. 그러자 할머니도 막무가내였다."나는 내려갈 수 없어요. 당신도 가만히 있는게 좋을 거요. 그리고 내가 성 안에 들어가도 다섯 이상은 안 죽일 테니 걱정 말아요. 만일 내가 다섯 이상 죽이면 그때 나를 찔러 죽이시오." 그러면서 노파는 품에서 비수 하나를 꺼내 주는 게 아닌가.

어느새 마차가 성 안에 들어왔고, 노파도 어디론가 사라졌다. 그때부터 과연 호열자 환자가 성내 삼지 사방에서 생겨나기 시작하였다. 그러나 죽은 자는 5천명도 더 되었다. 화가 난 마차 주인이 노파를 찾아내어 비수로 찌르려 하자, 노파가 몸을 피하며 다급하게 소리친다.

"난 실상 다섯 밖에는 죽이질 않았소. 그 외에 죽은 자는 모두 겁에 질리고 두려움과 공포 그리고 근심, 걱정 때문에 병이 생겨 죽은 거란 말이오."

우리시대의 사회적 공포 가운데는 경제적 공포가 전 세계를 짓누르고 있다. 한마디로 우려먹을 것을 다 빼낸 상태에서 모든 영역에서 한계점에 도달했다. 아니 자본주의의 막장을 보고 있는 것 같다. 자본의 한계, 지식의 한계, 심지어 영성의 한계까지 도달하고 있다. 로봇과 기계의 발달로 인간의 역할이 줄어들고 들고 있음이 일자리의 축소로 나타나고 있다. 세계적 경제 지표가 예측하기 어려워지기 때문에 큰 공포로 나타나고 있다.

이슬람 근본주의자들의 테러도 공포 속으로 몰고 가고 있다. 스페인, 미국, 프랑스와 벨기에 이어지는 무차별적인 테러에 전 세계가 공포에 휩싸이고 있다. 이슬람 근본주의자들이 우리나라에도 눈독을 들이고 있다. 유학생으로, 비즈니스로, 취업으로 이 나라에 들어오는 사람들이 날로 늘고 있는데 정부는 경제적인 목적으로 그들을 유도하고 있는데 이것도 공포로 이어질 수 있다.

공포(fear)는 본래 위험이나 악(evil)에 대한 염려이다. 그것은 고통스러운 경험이 될 수도 있다. 우리의 공포심 중에는 부모나 다른 어른들에 의해서 어린이에게 인식되거나 배워지거나 전달되는 것들이 많이 있다. 우리가 살고 있는 시대는 공포의 세기 또는 불안의 시대라고 불리어 왔다.

전쟁의 위협이나 핵무기는 많은 인류에게 공포감을 조성해준다. 또한 정치적인 격변과 대홍수, 지진, 화재, 태풍 등의 천재지변 역시 불안감을 조성해 주는 것이다. 그리고 불안은 신경쇠약과 정신질환을 유발하는 주요 문제점 중의 하나이다.

사회 심리가 극도로 민감하여 과거 IMF 때보다도 더 심각하다. 이러한 환경은 갖가지 공포를 주는데, 가장 심각한 영역은 인간의 정신적인 부분이다.

공포는 특정한 대상을 갖고 있는 반면에 불안은 특정한 대상이 없는 감정의 상태이다. 불안은 한층 더 모호하고도 불명료한 우려이다. 공포에 있어서의 긴장은 인간을 도망하도록 또는 싸우도록 동력화하지만 불안에서는 무의미한 격분과 혼란이 있을 뿐이다. 그러나 적당양의 공포심은 창조적이며 때로는 영웅적 행동을 하도록 자극제가 되기도 한다.

또한 공포는 도덕적 삶을 지향하는데 최강의 힘이 되며 인간으로 하여금 해야 할 일은 하게 하고 해서는 안 될 일은 하지 못하도록 만든다.

걱정은 현대사회의 주요 질병으로 간주되어 왔다. 걱정은 공포의 연장, 또는 지나친 불안의 지속적 상태라고 간주될 수 있다. 걱정은 인간을 항상 따라다니고 귀찮게 하고 괴롭게 하여 때로는 인간을 죽음에 이르게까지 한다. 그것은 만성 공포증(chronic fear)으로까지 발전될 수도 있다. 한 실례로 2차 대전으로 죽은 군인들보다 그들은 전장에 보내고 불안에 나날을 보내다 불안으로 죽은 가족들의 수가 더 많았다.

공포는 하나의 얽매임이요 죄이다. 우리를 공포로부터 해방시켜 줄 수 있는 분은 오직 예수님 한 분 뿐이다."수고하고 무거운 짐 진 자들아

다 내게로 오라 내가 너희를 쉬게 하리라"(마 11:28)

하나님은 천군을 움직이시는 분이다. 우리들이 보는 세계와 우리들이 보지 못하는 세계 전부를 지배하시는 분이다.

바로 그 분이 지금 함께 하시고 계시다. 이런 관점에서 볼 때, 우리에게는 공포가 있을 수가 없다.

예수 그리스도는 하늘과 땅의 권세를 모두 가지고 계신 분으로 그 자신이 늘 우리와 함께 "있으리라"고 약속하신 분이다. 그러므로 우리는 무슨 일이 생기든지 놀라거나 두려워하여서는 안 된다(마 28:18-20 참조).

"내가 두려워하는 날에는 주를 의지하리이다 내가 하나님을 의지하고 그 말씀을 찬송하올지라 내가 하나님을 의지하였은즉 두려워 아니하리니 혈육 있는 사람이 내게 어찌하리이까"(시 56:3-4)

"만군의 여호와께서 우리와 함께 하시니 야곱의 하나님은 우리의 피난처시로다"(시 46:11)

반대로 예수를 구주로 믿지 않는 사람에게는 늘 공포가 있을 수밖에 없다(계 20:10-15 참조).

공포를 떨칠 수 있는 방법은 예수 그리스도의 말씀에 우리가 들어가는 수밖에 없다. 마음 문을 열고 죄를 고백하고 예수를 구주로 영접할 때, 주님께서는 그의 마음을 지배하시사 그를 그의 품에 품어 평안하도록 인도하여 주시는 것이다(계 3:20).

그러므로 믿는 자인 우리 기독교인들에게는 원칙적으로 공포란 있을 수가 없다. 아직도 공포가 있다고 하면 그것은 무언가 잘못되어 있는 것이다. 그 신앙에 아직도 완전치 못한 구석이 있다고 하는 이야기이다. 그러므로 그것을 먼저 찾아 하나님께 고백하고 용서함을 받으므로 그 공포에서 벗어나야 하는 것이다.

우리 교인 중 어려운 여건에 있는 교우가 설상가상으로 간 이식 외에는 달리 방법이 없는 상황이 되었다. 남편도 없이 홀로 두 아들을 키우며 경제적인 한계에 걸쳐있는 처지인데 이런 상황을 맞았으니 얼마나 불안하고 초조하며 고통이겠는가? 그 쓰러질듯한 몸을 이끌고 새벽에 기도하기 시작했는데 하루는 대성통곡하며 기도하니 온 교우들이 같이 울고 기도했다. 지금은 이식 수술을 마치고 입원치료중인데 수술 전 기도하기 위해 찾아간 목사에게 자신이 그 새벽에 불안과 공포때문에 크게 통곡기도 한 후, 마음에 평안이 왔는데 그 날부터 말로 할 수 없는 수많던 염려가 안개가 사라짐같이 사라졌다면서 밝은 표정을 지었다. 후에 군인 간 아들로부터 이식을 받게 되고 수술비는 형제들이 협력하고 주변의 도움을 받아 모든 것이 합력하여 선을 이루었다.

4. 삶의 양념 스트레스

현대인들은 늘어나는 스트레스로 인한 고통을 점점 강도 높게 느끼고 있고 이로 인해 불안한 정신 상태를 호소하는 사람들이 늘어만 가고 있다. 느낌이 광범위하게 지속되는 상태로 근거를 찾기 어려운 부동성 불안 및 자율신경과민증상이 특징이다. 이는 2개 이상의 생활환경에 대한 비현실적 또는 과도한 불안이나 걱정이 있으며 6개월 이상 가는 만성장애이다.

스트레스의 한계를 넘어 정신불안으로 이어진 경우는 일반 인구 중 2~5%에 이 장애가 있는 것으로 알려져 있다. 20대에 주로 발병되며 여자가 남자보다 2배 더 많다. 가족 중 발병된 사람이 있으면 발생할 확률이 높은 것으로 알려져 있다.

그리스도인의 신앙은 우리에게 이 세상에서 일어나는 것은 우리의 오감으로 알 수 있는 것보다, 우리의 삶 속에서 그토록 크고 강력하게 보이는 사건들보다, 훨씬 더 크다는 것을 깨닫는데 도움을 준다. 우리의 신앙은 하나님께서 우리에게 영향을 미치는 사건들 안에서 역사하심을 보여준다.

그것은 우리가 하나님을 모든 선한 것을 공급하시는 분으로서 전적으로 온전히 신뢰하는데 도움을 준다. 이때 우리는 바울과 더불어 다음의 내용을 깨닫게 되는 것이다."우리가 알거니와 하나님을 사랑하는 자 곧 그 뜻대로 부르심을 입은 자들에게는 모든 것이 합력 하여 선을 이루느니라"(롬 8:28).

과다한 스트레스는 우리에게 우리의 인간적 제한성과 피조물 됨을 상기시켜 준다. 그것은 또한 우리에게 균형 잡힌 삶이 하나님께서 우리에게 바라고 계신 삶이란 것, 곧 영혼육의 모든 면에서 건강하고 즐거운 삶이라는 것을 깨닫게 한다. 하나님께서는 우리에게 우리의 몸을 빌려 주셨다.

우리는 그것을 돌보고 그것 안에서 하나님께 영광 돌려야만 한다. 하나님은 스트레스가 우리에게 긍정적으로 영향을 미치기를 원하신다. 곧 그분께서 우리에게 하도록 맡기신 일을 잘하도록 능력을 부여하자는 것이지, 결코 우리를 쇠약하게 하려는 것이 아니다.

그래서 스트레스를 대처하는 첫 단계는, 바로 우리가 모든 것을 조절할 수 없다는 것을 깨닫는 것이다. 둘째 단계는 우리가 불가피하게 직면할 수밖에 없는 압력들로부터 어느 정도 휴식을 제공해 줄 수 있는 합리적인 삶의 방식을 계획하는 것이다.

우리는 스트레스기 우리의 삶 안에서 쇠약케 하는 힘이 되지 않도록 보장하는 조치를 취할 수 있다. 균형 잡힌 삶을 살려면, 우리는 하나님께서 그 무엇보다도 우선적으로 경배 받으셔야만 한다는 것을 깨달아야 한다. 따라서 스트레스를 다루는 데 있어서 핵심적인 사항 중 하나는 경건의 시간을 갖는 것이다.

매일 최소한 30분 이상의 일정시간을 떼어놓고(필요할 경우에는 아침이나 저녁으로 분할할 수도 있다) 성경을 연구하고 묵상하며, 조용히 기도한다. 이것을 가뜩이나 바쁜 일과를 보내는 것에 덧붙여, 꼭 준수해야 할 또 다른 과업으로 생각하지는 말아야 한다. 오히려 그 일과의 시작이요 마무리로 보십시오. 기도와 묵상은 삶의 일과들을 올바로 정리하는데 도움을 주며, 이것은 스트레스에 대항한 싸움을 승리하는 데 있어 중요한 부분이 된다.

또한 스스로를 돌보는 것이 중요하다. 매일 운동시간을 갖는다. 신체활동은 스트레스 형성에 대한 놀라운 억제조치가 된다. 이것은 억눌린 에너지를 신체적으로 풀어버리는 것이다. 나는 매일 아침 조깅을 하며, 다른 일들이 그 시간을 뺏지 못하도록 아예 달력에다가 조깅시간을 정해 놓는다.

자신에 맞는 운동을 반드시 할 수 있는 여러 가지 방법이 있을 수 있다. 그러나 균형 있는 삶을 살 수 있는 여러 가지 방법이 있을 수 있다. 그러나 균형 있는 삶을 유지하려면 그것을 위해 시간을 들여야 할 필요가 있다.

경쟁이 필요 없으며, 업무나 가족에 대한 책임이 연루되지 않은 취미나, 여타의 관심거리를 개발하는 것도 좋은 방안이다. 어떤 이는 그림을 그리기도 하고, 낚시를 하기도 하고, 정원을 꾸미거나, 조립식 모형 비행기나 배를 만들기도 한다. 글자 맞추기를 해도 좋다. 그것을 꼭 다 맞추어야만 한다고 말하고 싶지는 않다. 정신적인 스트레스가 엄습할 때는 꼭 무엇을 이루어야 한다는 강박증에서 벗어나 자유하는 것이다. 이 자유함에서 나를 짓누르는 억압과 압력에서 벗어나게 된다.

우정도 균형 잡힌 삶을 유지하는데 한 몫을 한다. 깊은 우정은 인생에 있어 진짜 중요한 것을 모두 털어놓고 진정으로 나눌 수 있게 한다. 우정은 활동하시는 하나님을 보는데 매우 중요한, 시야를 제공한다. 우정은 개발하는데 시간이 필요하다. 그래서 당신은 일과를 벗어나서 친구와 보낼 시간을 확보하기 위하여 그 시간을 따로 떼어놓아야 할 필요가 있다.

사랑하는 아내와 보내는 시간도 중요하다.

따라서, 스트레스는 인간의 삶에 항상 존재하는 요소이다. 그리스도인은 그가 예수 그리스도를 믿는 신앙을 지녔다는 이유만으로 스트레스에서 면제되지는 않는다. 모든 인간은 좋은 스트레스와 나쁜 스트레스를 경험한다. 우리가 그 스트레스를 대처하는 방법이 차이를 가져오는 것이다.

그리스도인에게 있어서, 스트레스에 대한 올바른 반응은 어떤 문제이건 예수 그리스도만 있으면 충분하다는 것을 깨닫는 것이다. 그리고 우리는 하나님께서 그분의 백성의 각 사람에게 균형 잡히고 온전한 삶을 바라신다는 것을 이해할 필요가 있다.

이 몇 가지 통찰력을 통해 우리는 자유롭게 우리의 신앙의 원리를 구현할 수 있다. 하나님께서 능력 있으시고, 책임을 지시니까, 우리는 우리 삶의 모든 면을 조절할 필요가 없다. 우리는 사랑의 하나님을 의뢰하면서, 우리의 삶을 균형 있고, 조화롭고, 건강하게 만들기 위하여 꼭 해야 될 것들을 행하는데 시간을 보낼 수 있다. 크리스천에게 스트레스는 삶의 양념으로 승화시켜 나가는 것이 되어야 한다.

5. 짚신장수의 집착

K목사와 I 여전도사는 하나의 작은 일이 충격적으로 받아들여지고 또 거기에 너무나 집착되어 예배를 인도할 수 없었다. 이것은 성경에 위의 것이 아닌 땅의 것에 지나친 관심을 가지면 시험에 빠질 수밖에 없다는 좋은 실례가 된다.

K목사의 경우, 오래 전 얘기다.

재크린이 억만장자인 오나시스와 재혼한다는 기사가 방송과 신문에 대대적으로 보도되자 사람들은 입을 모아 이렇게 말했다. "아니 세상에 게네디 대통령 미망인 재크린이 오나시스와 재혼하다니! 그래 이건 우리나라에서는 상상도 할 수 없는 일이지."

역시 K목사의 생각도 마찬가지였다. 권세와 명예와 돈, 부러울 것이 없는 삶을 다 누려본 그녀가 아닌가. 그녀가 또 무엇이 아쉽고 미련이 있어 다시 재혼을 하다니.

그는 주일이 되어 강단에 섰다. 그런데 강단에서도 이런 생각이 머릿속에 꽉 차 예배를 인도할 수 없었다.

"아니, 내가 왜 그러지. 떨쳐 버리자, 떨쳐 버려……."

그러나 여전히 머리는 멍하고 온통 그 생각에 사로 잡혔다. 그는 할 수 없이 성도들에게 예배 순서에도 없는 기도를 시켰다.

"저, 죄송합니다. 제가 지금 머리가 아파 도저히 예배를 인도할 수 없으니 저를 위해 잠시 통성기도 해주시기 바랍니다." 그리고 자신도 하나님 앞에 간절히 기도했다."주여! 별 것도 아닌 것에 괜히 깊은 관심 갖다가 …… 용서하옵소서." 그리고 나서야 겨우 예배를 인도할 수 있었다고 한다.

또 I 여전도사 경우는 이렇다.

어느 해 봄이다. 훈훈한 봄바람이 부니 만물들이 긴 겨울잠에 깨어 나무마다 새싹이 움트고 들에는 파릇파릇 새싹이 돋아났다.

그녀가 논둑길을 막 지나가려는데 눈에 확 들어오는 것이 있었다.

"아니, 이거 돌나물아냐! 와····이리도 많지."

그녀는 가던 길을 멈추고 약속시간도 잊은 채 정신없이 돌나물을 뜯었다. 이렇게 한참 나물을 뜯다 아차! 하고 서둘러 심방할 집으로 갔다.

'집사님, 계세요."

"어유, 전도사님, 어서 오세요."

"집사님, 이 돌나물 좀 보세요. 저기 오다 보니 참 많데요."

"아, 네. 묻혀 먹거나 김치 담그면 맛있겠네요."

"그렇지요."

이렇게 인사를 나눈 후 방에 들어가 무릎을 꿇고 먼저 기도부터 했다. 그런데 기도하려니 눈앞에 파란 돌나물이 아른아른하고 기도가 안됐다.

"아니, 내가 왜 이럴까. 주여! 주여!"

이어 찬송을 하고 예배를 인도하는데 여전히 돌나물이 아른거리며 유혹의 손짓을 했다. 그래서 어떻게 찬송을 부르고 기도와 설교를 했는지 모른다. 이에 예배 후 결단을 내렸다.

"집사님, 나 이 나물 집사님 다 드릴게요."

"아니, 아까는 좋다고 자랑까지 하시더니."

"지금은 아니에요. 난 이거 싫어요."

"그까짓 돌나물이 무엇이기에 내 마음을 흔들어 놓아. 그래. 버리는 거야." 그리고 마음에 안정을 되찾아 계속 심방할 수 있었다. 일종의 약한 편집증이다. 그러나 이러한 증상이 상승하게 되면 일상의 생활이 힘들어지는 일종의 인격 장애라는 정신병이 될 수 있다.

편집성 인격 장애는 어린 시절 불합리한 부모의 엄청난 분노에 짓눌려 성장하면서 자신과 그들의 부모를 동일시함으로써 그 분노를 다른 사람에게 투사하게 된 결과로 나타난다.

여기에 나타나는 증상으로는 타인의 행동을, 의도적으로 자기를 기죽이려는 행동이나 위협하는 행동으로 해석한다. 늘 남들이 자신을 괴롭히고 착취하고 해치려한다고 예상한다. 정당한 이유 없이 의심한다. 질투도 심하다. 제한된 정서반응을 보이는 바 늘 긴장되어 있고 냉담하고 무정한 면이 있고 자만심을 보이며 유머감각이 결여되어 있다.

사람들의 행위를 계획적으로 자신의 품위를 손상시키거나 위협하는 것으로 받아들이는, 만연되어 있으며 옳지 않은 경향으로, 청년기에 시작되며 여러 상황에서 나타나고, 다음 중 최소한 4가지 항목으로 나타난다.

(1) 충분한 근거 없이 자신이 타인에 의해서 관찰되거나 피해를 받고

있다고 생각함.

(2) 정당한 이유 없이 친구들이나 친척들의 충정이나 신용상태를 의심함.

(3) 보통 악의 없는 언급이 사건에 대해 숨겨진 의미나 위협적 의미가 있는 것으로 해석함.

(4) 원한을 품거나, 무례함이나 무시하는 것을 용서하지 않음.

(5) 어떤 정보가 자신에게 나쁘게 이용될 것이라는 잘못된 두려움 때문에 다른 사람에게 비밀을 털어놓기를 꺼림.

(6) 쉽게 무시당하고 있다는 생각이 들며 거기에 대해 곧 화를 내고 반격함.

(7) 정당한 이유 없이 배우자나 애인의 정절을 의심함.

오랜 옛날, 가난한 짚신장수 부자가 있었다. 나흘 동안 열심히 짚신을 삼아 오 일 장날에 가지고 가서 팔았다. 그런데 항상 아버지가 만든 짚신은 인기 있어 금방 다 팔리는데 아들의 짚신은 하루 종일 팔아도 다 팔리지 않고 남았다. 아들은 아버지에게 어떻게 해야 짚신이 잘 팔리는지 그 비법을 알려 달라고 그렇게 졸랐건만 아버지는 가르쳐 주지 않았다.

아들은 끝내 가난을 면할 수가 없었다. 세월이 흘러 늙고 병든 아버지가 돌아가시게 되어 마지막 숨을 몰아쉬며 그때서 아버지는 그 비법을 알려주었는데 "털, 털……." 하고는 죽었다. 짚신을 다 만든 후에 마지막 손질을 하면서 거칠게 붙어있는 털을 잘 뜯어내는 게 비밀이었던 것이다.

사람들은 종종 별로 중요하지 않는 것에 집착하여 중요한 것을 잃을 때가 있다. 아들에게 그 비법을 일찍 전수했더라면 좋았을 텐데, 결국에는 털, 털하며 죽을 것을.

이 땅에 것에 너무 집착하지 말자. 집착한 만큼 반드시 배반감을 주기 때문이다.

6. 왜 현대인들은 잠들지 못하는가?

'온유'란 말은 세계 각국에서 각각 다른 의미를 갖고 있다. 온유는 게으름이 아니며 진리의 주변을 빙빙 돌며 관측만 하는 것이 아니다. 서부 아프리카 모레족은 온유한 사람을 '그늘진 마음의 소유자'라고 부른다. 맹렬한 햇빛에 노출되지 않고 이웃에 서늘함을 제공한다는 뜻에서 붙인 이름이다.

케냐의 킵시키족은 온유를 '천천히 행동하는 것'이라고 부른다. 교만한 사람은 자기 이익에 민감하기 때문에 민첩하다. 카바라족은 온유를 '어린이의 속사람을 가진 것'이라고 부른다. 그런데 놀라운 일은 모레족과 킵시키족에게는 정신질환이 상대적으로 훨씬 적은 것으로 나타났다. 이렇게 바쁘고 분주한 과학 최첨단 시대의 현대인이라면 글쎄 온유한 사람이 존재할까? 온유는 겸손의 선물이요, 교만은 죄와 독선의 자식이다.

불면증도 정신질환의 일종이다. 불면증 환자의 수치도 계속 높아지고 있다. 안락한 침대에서 편한 상태로 잠을 청해도 잠이 오지 않는 것은 분명 큰 문제다. 누구든지 때로는 잠을 못 이루는 경우가 있다. 흔히 잠을 잘 자지 못하는 사람은 밤만 되면 더욱 불안해하고 초조해 한다. 불면증을 글자 그대로 해석한다면 잠을 전혀 자지 못하는 것이 되지만, 실제로 그런 사람은 적고 잠이 얕다는 식으로 양적으로나 질적으로 수면이 모자라는 상태를 일반적으로 불면증이라고 한다.

즉 좀처럼 잠들기가 어렵거나, 너무 새벽 일찍 깨서 잠이 모자라거나, 밤중에 몇 번이고 잠을 깨거나, 애초에 잠이 얕은 경우 등의 모든 것을 포함한다.

불면증의 원인은 여러 가지가 있는데 주로 정신적이 요소나 뇌의 기질적 질환인 경우가 많고 다른 장기의 병변의 여파로 나타나기도 한다. '동의보감'에서는 이 병을 '심기가 편안하지 못하고 신과 혼이 불안정하여 잠을 이루지 못하는 것이다'라고 풀이하고 있다.

한의학에서는 불면의 원인을 정신적인 면에서 많이 찾는데 첫째, 몸과 마음이 피곤해서 오는 심신 과로 한 경우 둘째, 마음이 대담하지 못하고 소심해서 오는 심지 허약한 경우 셋째, 과도한 정신적인 스트레스로 인해 몸에 담음(痰飮)과 화(火)가 생겨서 오는 칠정담화(七情痰火)인 경우로 나눈다.

불면증 환자는 정신적으로나 육체적으로 그 증상이 매우 다양하게 나타난다. 첫째, 정신적으로 초조. 불안하고 막연히 우울하고, 까닭 없이 신경이 써지며 이와 같은 증상이 오랫동안 지속되는 것이 특징이다. 또한 어떤 충격이나 사건으로 잠이 오지 않는 경우도 있는데 이 경우는 일시적인 경우가 많으므로 적절히 치료하면 빨리 회복될 수 있다.

둘째, 육체적으로 몸의 상체에는 코피가 나거나, 귀에서 소리가 나거나, 가슴이 두근거리고, 답답하고 머리카락이 빠지거나 비듬이 많이 생긴다. 또한 입이 쓰거나 땀이 나고 목, 어깨 등이 뻐근하고 아프다. 하체로는 무릎이 시리거나 변비, 소변 불리, 성기능 저하를 초래할 수 있다.

한의학에서는 각각의 원인에 맞게 이 병을 치료하는데, 약물요법뿐만 아니라 개개인의 섭생법도 매우 중요시한다. 먼저 약물요법으로는 보혈안신(補血安神)하는 약물과 양심대담(養心大膽)하는 약물로써 약한 신경과 허약한 몸을 강하게 해주고 긴장을 풀어주고 마음을 편하게 해주는 것을 치료의 원칙으로 삼는다.

또한 규칙적인 운동과 섭생법이 중요하다. 잠자리에 들기 전에 팔과 어깨를 많이 움직여주는 맨손체조와 정신신경작용과 밀접한 관계가 있는 담(膽), 경락(經絡)을 자극하는 의미에서 머리의 정수리에서 목덜미까지를 지압해 주는 것도 좋은 치료방법이 될 수 있다.

한의학에서는 손바닥을 심장과 관련지어 생각하므로 손뼉을 자주 치는 것도 심장을 강하게 하는 한 방법이다. 불면증 환자에게 가장 중요한 것은 불면을 빚게 한 원인을 정확히 아는 것이다. 그러므로 단순히 잠을 자기 위한 수단으로 수면제에만 의존하는 것은 좋은 방법은 되지 못하고 반드시 전문가와 상의하여 체계적인 치료를 받는 것이 중요하다.

통계심리학자들의 말을 빌리면 지금 전 국민들의 불안증, 불면증의 수치가 IMF 때와 비슷하게 상승하고 있다는 것이다. 북한의 핵의 위험으로부터 오는 전쟁공포, 세계적 경제의 디플레이션에 영향으로 수입이 줄어들고 젊은이들의 취업이 어려움 등이 그 원인으로 등장한다. 사실 포스터모드니즘이 갖고 있는 감각적인 아름다운 것들 속에 담긴 것이 갖가지 불안과 불면과 함께 정신적 세계의 고통이다. 모드니즘시대에도 이런 정도는 아니었다. 동네에서 정신병원을 찾아보기 어려웠다. 그러나 이젠 동네마다 가득 차 있다. 사람들은 이것을 해결하기 위해 갖가지 약물들이 등장하는데 그중에서 마지막은 마약이고 성적 방종으로 이어진다.

 우리가 이 모스터모드니즘 시대를 살지라도 정신적 구조 속에 전통과 윤리, 도그마와 원리에 의한 합리적인 기둥이 필요하고 하나님의 사랑과 은혜가 머무는 영적 풍요로움을 소유해야 한다. 그렇게 된다면 수면의 질도 좋아지고 다양한 정신적인 문제로 부터 등장하는 질병에서 자유할 수 있을 것이다.

7. 가면 속에 울고 있는 사람들

　　　　고개를 숙이고 몸을 구부리고 얼굴에 표정이 없거나 고통스럽고 이마에 주름이 패어 있으며 아래만 내려다보고 있는 여자분이 상담실을 찾아왔다. 눈썹 사이와 코와 구순 사이에 주름이 깊게 잡혀있다. 체중이 빠지고 땀이나 다른 분비물은 감소되어 있는 상태를 한 눈에 알아보고 이분이 심한 우울증으로 고생하는구나 라는 생각을 했다.

　경한 우울은 그런 대로 견딜 수 있으나 심한 우울증을 절대로 그 상태로 머물러 있지 못하고 자신도 모르게 계속 밑으로 처지게 되고 자살을 향한 생각으로 굳어지게 된다. 근육의 힘이 감퇴되어 있고 변비가 생기고, 성적욕구도 감소되며 남자 환자의 경우 흔히 성 불능이 된다. 수면장애는 대단히 특징적이다. 잠이 얼른 들지 않고 훨씬 빨리 잠이 깨게 된다. 흔히 우울증은 아침에 일어났을 때 가장 심하고 오후가 되어 해가 지물어 가면서 덜해지는 증상이 나타난다.

　사고 진행에 억제가 나타나 말은 느리고 대답은 간단하고 대개 단음절이며 낮은 목소리이다. 행동은 점차 지연되고 억제되어, 시작할 때나 수행할 때에 매우 느리다. 심할 때는 혼수상태에 빠진다. 이를 지연성 우울이라 한다. 때때로 환자들은 자신이 아무런 느낌도 없다고 말한다.

　반면 격정성 우울은 지속적인 불안, 걱정, 긴장, 장래의 위해에 대한 느낌과 어쩔 줄 몰라 하는 격정과 초조감, 좌불안석 등이 동반된 우울증을 말한다.

자신의 내적 감정을 무시한 결과, 무가치감, 죄책감, 자기비난, 건강염려증, 우울망상 등 망상을 나타낸다. 의심하고 피해 의식에 차 있고, 불평하고 편집적인 것들도 있다. 환각은 나타날 수는 있으나 현저하지 않다. 착각 때문에 잘못 해석하는 경우는 흔한데, 예를 들면 지하실에서 나는 소리를 자기의 관을 짜고 있다고 해석하는 것 등이다.

대개 망상과 환각의 내용은 우울한 정서와 일치한다. 이와 같이 망상, 환각, 착란, 기억장애, 사회적 위축, 높은 자살 우려 등의 증상이 있을 때 정신병적 양상이라 한다. 약 10%의 우울증에서 이를 볼 수 있다. 경우울증은 대체로 괜찮으나 지나치게 심할 때 혼란에 빠질 수 있다.

무력감, 고립 무원감, 분노와 공격의 감정, 죄책감, 자기징벌의 욕구 또는 망상 등의 이유로 자살을 시도하거나 자해하는 수가 있다. 또한 폭력에 의한 범죄가 발생하는 수가 있는데 이러한 일은 조증 때보다 우울증 때 더 흔하다. 이는 우울증이 증오나 공격적 성향의 억압의 약화 때문에 생긴 결과이기 때문일 것이다.

우울증에 걸린 여자 환자의 경우 남자보다 살인을 저지르는 수가 많다. 대개 희생자는 가족이거나 평소 가장 사랑하던 인물이다. 살인은 자살충동의 한 연장으로 간주되어져야 한다는 시사가 있다. 자살이 자신에 대한 공격성의 발휘라면 살인은 자신뿐만 아니라 자신에게 가장 가까운 사람에게 포함된 공격성의 연장으로 간주된다. 그럼으로 자살 심리와 타인을 향한 살인의 심리적 뿌리는 하나에서 출발한다. 이른바 동반자살이 요즘 사회적 문제로 떠오르고 있다.

예를 들어 우울증에 걸린 어머니가 자식과 함께 동반자살을 한 경우에서 이러한 정신병리가 나타난다. 자살은 심한 우울증에서 회복할 때 가장 빈번히 일어나므로 이때 조심해야 한다.

우울상태 중 가장 심한 혼수성 우울증이 되면 자발적인 운동 행위는 없어지고 외부 자극에 대해 최소한의 반응밖에 없다. 환자는 말이 없고 함묵 상태이며, 의식이 혼미하다. 죽음에 대한 생각에 강하게 집착하고 꿈같은 환각에 사로잡혀 있다. 이때는 강제 급식해야 한다. 그러니까 우울증세가 심해서 정신병의 과정을 겪고 있으며 이 정신병을 활발하게 진행시키는 우울증의 증세는 마침내 자신을 죽음으로 몰고 가려는 충동을 강하게 느끼는 것이다. 심지어 대소변을 가리지 못하게 되는 때도 있다.

우울증은 1회로만 나타날 수도 있고, 주기적으로 재발되기도 한다. 1회의 기간은 대개 3~6개월 지속된다.

우울증상이 다른 모습으로 나타날 수도 있다. 소아에서의 상실이나 이별은 이별불안을 일으켜 학교공포증, 애착 행동, 행동 과잉, 성적 저하를 보일 수 있다. 사춘기 때는 반사회적 행동, 가출, 무단결석, 알코올 남용, 약물남용, 성적 문란, 행동화 등이 나타난다. 약물남용, 알코올중독, 도박, 정신신체장애 등도 우울증의 한 표현일 수 있다.

이들을 모두 우울정서를 감추기 위한 가면 우울이라 할 수 있다. 우리 주변에 겉으로는 웃고 있지만 사실은 이 가면을 쓰고 있다. 속에서 자신을 울고 있고 죽고 싶지만 겉으로는 가면을 쓰고 있는 것이다. 오늘도 내 옆에 사람에게 관심을 기울여야 된다. 진실과 가면을 구분하는 통찰력은 있어야 한다. 이걸 못하면 그가 막다른 결정을 내릴 때 후회가 엄청나게 된다.

8. 우울증 상담사례

저는 40대 초반의 여성입니다. 최근 기분이 울적하고 마음의 평화와 안정이 전혀 없습니다. 공연히 가슴이 뛰고 잠이 오지 않고 슬퍼집니다.

귀하는 우울증에 걸린 것 같군요. 우울증에 걸리게 되면 자신이 우주의 고아라고 생각될 만큼 지나친 외로움과 자신에 대한 무력감과 현실에 대한 좌절감을 느끼게 됩니다. 심한 경우에 나는 쓸모없는 인간이며 버림을 받았다는 생각에 사로잡혀 자살까지 생각하는 경향이 있습니다.

정력이 넘치는데도 끊임없이 피곤을 느끼고, 주위에 많은 사람들이 자신을 사랑해 주고 있는데도 나를 생각해 주고 아껴 주는 사람은 한 사람도 없다고 생각함으로써 소속감에 대한 불안과 위축 때문에 말과 행동이 아둔해지고 심지어 마비되는 경우도 있습니다. 그래서 어떤 상황과 문제에 대한 바른 판단력과 결단력을 상실하게 됩니다.

우울증의 원인은 다음과 같습니다.
(1) 사랑하는 사람을 잃었다든가 그와 이별 또는 격리되었을 때 생깁니다. 대상이 반드시 사람인 경우에 국한되는 것도 아닙니다. 사람이 아니더라도 자기에게 가장 귀한 것 즉 직업, 명예, 지위 또는 안

정을 잃었을 때도 마찬가지의 현상이 뒤따르게 됩니다.

(2) 우울증은 열등감이나 무력감 등에서 기인합니다. 많은 경우에 자신의 어떤 목적이 달성되지 못 했을 때 생기게 됩니다. 우리가 실패를 당하고 거부되었을 때 자신에 대한 열등의식과 무력감을 가지게 되며, 그러한 무력감은 우리를 우울하게 만듭니다. 그러니까 우울증은 자신이 직면한 상황과 현실을 극복하지 못하는 데서 오는 과민한 정서적 반응이라고 볼 수 있습니다.

(3) 죄의식도 우울증을 불러일으키게 하는 원인이 됩니다. 어떤 잘못이나 과오를 저질렀을 때 자기 연민(serf-pity)의 감정에 빠져들기 쉽고, 이러한 자기 연민은 자존심을 상하게 하므로 자기 분노를 일으키게 합니다. 이러한 분노는 자기 내부에서 무의식적으로 일어나지만, 내적 갈등과 죄의식을 느끼게 하므로 그 결과로서 자기 우울증에 빠져들게 할 수 있는 것입니다. 그러므로 우울증은 스스로를 징벌하는 하나의 형태이기도 합니다.

(4) 우울증은 흔히, 어린 시절에 충분한 애정을 받지 못한 사람에게서 잘 나타난다고 합니다. 즉 우울증은 현실에 대한 지나친 반응의 결과로서 오는 것이라고도 볼 수 있는데, 아동기에 정서적으로 불건강했던 이들은 자신의 욕구가 좌절될 때 곧잘 쉽게 우울증에 빠져들게 된다는 것입니다.

(5) 30대 후반이나 40대 초반에 있는 갱년기 또는 폐경기에 있는 여성들에게 우울증은 더 심각합니다. 별로 이루어 놓은 것 없이 꿈 많던 젊음이 다 지나간다는 허탈감 때문입니다. 특별히 남편과 자녀

들을 위해 온갖 정성을 다 쏟은 가정주부에게 있어서, 남편이 노화되어 가는 자신에게 별로 관심이 없고 멀어지는 것 같으며 자녀들마저 자기 품에서 떠나가는 것을 볼 때 더욱 허탈감과 쓸쓸함을 느끼게 됩니다. 우울증은 불안과는 다른 의미를 지닙니다. 불안은 위험에 대한 반응으로서 자아생존(ego survival)을 위해 투쟁하느냐 도피하느냐 하는 결정 과정에서 오는 데 비해, 우울증은 그 위험한 상황에 대항하여 대처할 능력이 없어 마비된 상태를 뜻한다고 할 수 있습니다. 그러므로 불안은 생산적이고 창조적일 수 있지만, 우울증은 비생산적이고 파괴적입니다.

그러면 어떻게 우리가 우울증을 극복할 수 있겠습니까?

(1) 삶에는 필연적으로 사랑하는 사람을 끊거나 이별할 때가 있으며 직업이나 명성을 잃는 고통의 날이 있다는 것을 기억함으로, 그런 상황을 어느 정도 받아들일 수 있는 방법을 배울 필요가 있습니다.

(2) 인생에겐 불가피한 일과 실패가 있으며, 그런 것들이 때로는 삶을 고상하게 만들고 심화시켜 준다는 긍정적인 인생관을 확립하고 개발시킬 필요가 있습니다.

(3) 욕구 좌절에서 오는 분노를 너무 안으로 맺히게 하지 말고 어느 정도 밖으로 표현하고 발산시키는 것이 도움이 됩니다.

(4) 자기 자신을 사랑하는 비결을 배우는 것이 무엇보다 중요합니다. 자기를 용납하고 자기를 존경하며 자신감을 개발해 감으로 자아에 대한 긍지와 사랑을 가질 때 우울증을 극복할 수 있습니다. 자신을

사랑하는 삶은 성공과 행복에 이르는 비결입니다.

(5) 신앙을 갖는 것이 매우 중요합니다. 인생에 대한 궁극적인 의미와 삶의 목적을 발견하지 못할 때 삶의 허탈감과 거기서 오는 우울함을 근본적으로 해결하고 극복할 수는 없습니다. 그러므로 신앙을 갖는 일은 인생을 긍정적이고 행복하게, 성공적으로 살아가는 데에 큰 도움이 되는 것입니다.

9. 아라비아 향수로 이 불안을 없앨 수 없는가?

불안하여 잠 못 이루는 내담자가 찾아왔다. 잠을 못 이루는 것이 문제가 아니라 잠을 못 이루게 하는 원인이 중요한 것이다. 그 내담자에게 가장 불안한 것이 무엇이냐고 물었더니 이젠 모든 것이 다 불안하고 무섭다고 했다. 이른바 범 불안증에 빠져있었다. 이런 불안한 느낌이 광범위하게 지속되는 상태로 근거를 찾기 어려운 부동성 불안 및 자율신경과민증상이 특징이다. 이는 2개 이상의 생활환경에 대한 비현실적 또는 과도한 불안이나 걱정이 있으며 6개월 이상 가는 만성장애이다.

일반 인구 중 3~7%에 이 장애가 있는 것으로 알려져 있다. 청소년 때만해도 뚜렷한 증상은 없다가 갑자기 20대에 접어들어 사춘기가 끝이 나고 성인기에 접어들게 되면 주로 발병되며 묘하게도 여자가 남자보다 2배 더 많다. 가족 중 발병된 사람이 있으면 발생할 확률이 높은 것으로 알려져 있다.

생물학적으로, 유전적인 요인이 있는 것 같다. 환자의 1차 가족 중 25%에서 이 병이 발견된다. 일란성 쌍둥이의 동시 발생률이 50%인 데 비해 이란성 쌍둥이에서는 15%이다.

사회 심리적 요인 또한 주요 요인이 된다. 주요 증상으로는 불안감과 운동성 긴장이 지속되는 것이다. 피로, 근육통, 안면경련과 이마 찌푸림 등이 오고 안절부절못하는 상태 및 잘 놀라는 증상이 있다. 자율신경계

기능항진으로 신체증상 때문에 고통을 받는다. 즉 발한, 심계항진, 빈맥, 손발이 저리거나 한랭감, 구갈, 얼굴이나 가슴이 화끈거리거나, 빈뇨, 설사, 구토감, 위장 불쾌감, 인후의 이물감, 과호흡 등을 보이며, 얼굴이 창백해진다.

심장 증상과 호흡기 증상은 공황장애 때보다는 덜 심하다. 지나친 근심으로 매사를 걱정하여 불안해한다. 우유부단을 보이며 사소한 일도 지나치게 염려한다. 그 결과 주의산만, 집중곤란, 조조감, 불면증 등이 온다. 우울도 흔히 동반된다.

불안에는 다음과 같은 세 가지 형태가 있다.
1. 존재의 불안(anxiety of existence) : 이 불안은 인간의 자유에 의해 야기된다.
2. 죄의 불안(sinful anxiety) : 이 불안은 신과 같이 되기를 원하고 신으로부터 자신을 분리시키고 소외시킴으로써 자신의 인간성을 능가해 보려는 욕망에서 생긴다.
3. 신경성 불안(neurotic anxiety) : 무의식에 기인된 것으로서 관계성의 혼란에 의해서, 또한 어렸을 적의 정적인 혼란에 의해서 야기된다.

그리고 우리 모두에게는 상황적 불안이 있는데 그것은 건전하고 필요한 것이며 현실적 상황에 의해서 야기되고 자아에 위협을 주기도 한다. 이와는 대조적으로 신경성 불안은 실제적 위험과는 상관이 없는 공포심으로서 때로는 "자유 부정적 불안"(free floating anxiety),즉 근거 없는 불안이라고 불리기도 한다.

　세익스피어의 4대 비극 가운데「맥베드」가 있다. 맥베드는 왕을 죽이고 자기가 왕이 되었다. 그러나 불안이 생겼다. 양심의 불안이 생겼다. 아무도 자기를 고발할 사람은 없었다. 그러나 병이 들었다. 자기 부인도 병이 들었다. 의사에게 가서 병을 좀 고쳐 달라고 했다.

　그 의사는 "이 병은 내가 고칠 병이 아니라 당신 스스로 고쳐야 한다."고 했다. 그래서 맥베드가 손을 들어 '오, 아라비아의 향수를 다 가지고서도 내 손 하나를 말끔히 할 수 없단 말인가?'라고 했다. 그 맥베드의 마음에 있는 죄책, 죄의식은 그 어떤 것으로도 파 버릴 수가 없었다.

　오직 예수의 피밖에는 이것을 파 버릴 길이 없다. 아무리 선량하게 보이는 사람도 전부 그 마음속에 죄가 있다. 이리와 같은 것이 들어 있다. 인간은 도덕적인 불안을 가지고 있다. 부정하든지 부정하지 않든지, 의식하든지 의식하지 않든지, 표현하든지 표현하지 않든지 간에 다 가지고 있다.

　불안의 반응으로는 불안정과 불안의 공통적이고도 자연적인 결과는 노여움이다. 초조와 위축 역시 불안의 공통적인 반응이다. 때로는 적대감과 분개심이 불안을 동반하기도 한다. 아래에서 언급한 여러 가지 신체적 질병 역시 경우에 따라서는 불안을 동반한다.

　다음은 정신치료학적 증상을 지닌 질환들이다. 불안은 심장병, 비만증, 설사, 고혈압, 천식(심한 걱정, 자신감, 결핍, 부모에의 뿌리 깊은 의존성), 빈뇨증, 간질, 위궤양 등의 증상이 나타날 수 있다. 그 외의 증상들로는 오한, 투통, 요통, 피로 등이 있다.

10. 고독과 독존(혼자서도 행복하라)

우리 시대는 홀로 사는 훈련을 해야 할 것 같다. 일인 가정이 늘어나는 것도 문제지만 배우자 자녀 없이 살아가는 고독한 사람들이 점점 늘어나고 있다. 그들은 대부분 우울증을 경험하게 되고 그 질병으로 세상을 떠나는 경우가 허다하다.

뉴욕에서 카운셀링을 전문으로 하고 있는 한 목사는 자기를 찾아오는 사람의 99%는 문제의 뿌리에 외로움이 있다고 지적하였다. 종교뉴스지의 조사에 의하면 응답자의 80%가 자기는 외롭다고 고백하였다고 한다. 알코올, 환각제, 과식, 정신질환들이 고독에서 오는 원인이 크다는 것은 이미 상식이 되어 있다.

의사들은 불면증, 현기증, 위장 장애, 두통, 심지어 감기까지 그 깊은 원인을 외로움에서 찾아내고 있다. 미국의 경우 자살자는 해마다 50만 명에 달하는데, 물론 자살의 근본 원인은 고독이다.

외롭다는 말은 부정적인 표현이다. 만일 이 말을 "혼자 있다"라는 표현으로 쓰면 무척 긍정적인 내용이 된다. 신학자 틸리히의 용어를 빌면 고독은 혼자 있는 쓰라림(Pain of being alone)을 말하는 것이고 독존(solitude)이란 혼자 있는 영광(glory of being alone)을 말하는 것이다.

혼자 있다는 것은 외로움이 아니라 1보 후퇴 2보 전진의 기회이며, 힘의 비축이고 생산력을 저축하는 시간이다.

심한 우울증으로 시달리는 사람은 그가 선택할 수 있는 것은 죽음밖에 없다는 것을 느끼게 된다. 그리고 자살을 시도한다. 이런 사람이 자살에 실패해서 병원에 실려 오게 되면 의사는 제일 먼저 먹음직스러운 고단백 음식을 마음껏 먹도록 배려한다. 대개 우울증 환자는 2-3일 정도 제대로 먹지 않아 몸 안에 단백질의 필수치와 함께 에너지 수치가 매우 낮아져 있기 때문에 그 결과 우울증의 수치는 급상승해 있기 때문이라고 한다.

그래서 고단백의 음식을 먹이는 것이라고 한다. 우울증이란 근심이나 걱정이 있어서 명랑하지 못한 상태를 말한다. 그러므로 세상에 우울증적인 요소가 없는 사람은 없을 것이다. 누구나 경험하는 우울한 감정이 정도를 지나쳐 생기가 저하되고 모든 생활 체험이 지속적으로 우울하여 몸과 마음이 다 함께 침울해지면서 스스로 무능감에 사로잡히는 사람, 결국 자신의 생명을 끊어야 한다는 절박한 심리가 작용하게 된다.

심하지는 않지만 모든 현대인들은 바로 이와 같은 병을 앓고 있는 것이다. 그들에게 필요한 것은 고단백 음식이다. 바로 우리의 영과 마음을 살리는 고단백 음식, 즉 하나님의 말씀을 섭취해야 한다.

바로 그 말씀의 떡을 먹는 사람은 우울증세가 사라지고 마음에 기쁨과 활력이 넘치게 되는 것이다.

고독의 문제는 미리미리 훈련과 준비로 극복할 수 있다. 그렇지 않으면 개인이나 사회가 집단적 우울증에 빠지고 그 결과는 문화적 쇠퇴와 더불어 종말로 이어질 수도 있다.

미국 뉴욕에서는 해마다 1백 명 이상의 노인들이 혼자 죽음을 맞는다. 대부분 혼자 사는 노인들이다. 경비원들은 노인들의 아파트에 우편물이 수북이 쌓이면 방안을 조사한다. 일본 도쿄에도 "안심전화"라는 것이 있다. 혼자 사는 노인들이 자신의 죽음을 직감하면 베갯머리에 붙은 단추를 누르게 되어 있다 이 전화는 노인복지국과 경찰에 연결된다.

죽음은 고독하다. 이웃이 있고, 가족이 있고, 친구가 있다는 것은 얼마나 행복한가. 가끔 충돌하고 손해를 끼치더라도 사람은 좋은 것이다. 그러나 혼자서도 행복을 누리며 은혜로 살아가는 법을 반드시 습득해야 한다. 일평생 성도들을 행복하게 만드는 일을 한 목회자의 말년이 행복할까? 그렇지 못한 분들이 많음을 알고 있다. 그분들은 생의 마지막을 홀로 사는 법을 터득하지 못했기 때문이다.

건강한 자존감을 간직한 채 주변의 평가나 소문에 일희일비하지 말아야 한다. 얼마 전 한 여학생이 SNS 통해 정서적으로 심한 모욕적이고 창피를 주는 내용의 통신을 받고 자살한 적이 있다. 이러한 사실이 우리에게 시사하는 점은 많으리라고 생각된다. 이 학생이 자살이라는 심각한 결정을 내리기까지는 많은 고민과 정신적인 고통이 있었을 것이다.

잠도 제대로 못 자고 식사도 거의 거르고 먹지 못하면 말수도 갑자기 적어지고 매사에 의욕이 없고 죄책감이 들면서 뭔가 잘못한 것 같고 도저히 해결할 수 있는 방법이 없이 갑갑하게 다 막혀 있어서 도저히 길이 없고 오로지 죽음만이 선택의 길이라고 느껴지는 순간이 있었을 것으로 생각해본다.

　이러한 상태에 대하여 주위 사람들이 충고도 하고 위로도 하고많은 노력을 하여도 학생의 입장에서는 전혀 해결책이 아니라고 생각되었을 것이다. 이러한 절망의 상태를 우리는 우울증의 한 형태로 보고 있다. 실재 이러한 상태는 평생 지속되는 것이라기보다는 일시적인 기간 동안의 경과를 갖는다. 평균 9개월의 기간이며 짧게는 수개월에서 길게는 2-5년까지 장기간 끄는 경우도 있다.

　이들의 경우 병에서 회복되면 왜 그때는 그렇게 고민하고 그랬나? 하고 의아해하기도 한다. 약물로서 항우울제를 복용하고 휴식하면서 면담과 생활환경의 조정을 통하여 빠른 시간에 회복될 수 있는 매우 치료효과가 좋은 질병 중의 하나다.

　심리학의 궁극적 목적은 인간을 행복하게 하는 것이다. 그런데 그 행복을 가로막는 것이 질병이고 우울증이라고 진단하고 무섭게 그 부분을 공격하여 심리치료의 효과를 보고 있지만 여전히 인간은 행복하지 못하고 있다. 이것이 실존이다. 인간의 행복을 철학자나 심리학자들에게만 맡길 수 없다. 각자가 노력하고 도전해야 할 과제다. 예수 그리스도를 통한 구원의 확신과 배품과 나누는 자비의 삶, 그리고 세상을 사랑하는 라이프스타일로 가면서 혼자서도 행복하고 혼자서도 건강하게 일평생을 살아가려면 하나님과 동행해야 한다.

11. 어플루엔자 1(Affluenza 1)

아동심리학자인 레비(John Levy) 박사는 경제적으로 넉넉한 집안에서 자라나는 어린이들을 연구한 학자이다. 그는 "어플루엔자"(Affluenza)란 말을 쓰고 있다. 부유한 십에서 자라나는 많은 아이들에게서 발견할 수 있는 증세에 대한 용어로서 풍요증이라고 번역할 수 있겠다.

이 증세는 자신을 못 가지고, 죄책감에 자주 사로잡히며, 남을 믿지 못하고, 직장을 자주 옮기는 인간이 되는 것이라고 한다. 그들은 돈이 없으면 살 수 없다는 돈에 대한 지나친 의존심을 가지고 있다고도 보고하였다. 이들은 도전을 받는 기회가 적기 때문에 자주 지루함을 느끼고 모험심이 적다고 한다.

따라서 일에 대한 의욕도 강하지 못하다.

아동정신과 의사인 써견트(Douglas Sergent) 씨는 부유한 집에서 자라나는 소녀들이 대체로 자기가 남보다 더 아름답게 생겼다고 생각하고 있는데 자신의 미모를 과대평가하는 경향이 있다고 한다. 아동상담가인 하버스타트(Harvey Halberstadt) 박사는 오랜 세월 동안 부유한 가정과 벼락부자의 가정에서 자라나는 아이들을 비교 연구하였는데 빨리 부자가 된 집의 아이들이 사회나 타인에게 적응하는 면이나 책임감이나 봉사정신에 있어서 묵은 부자의 자녀보다 훨씬 못했다고 한다. 이것도 일종의 조증이다.

그러나 일반적으로 조증인 사람은 자신을 과대평가를 한다. 가족들은 가벼운 흥분을 보이거나 경조증상태일 때 입원시켜야 할지를 결정하기는 어렵다. 환자의 모든 말과 행동이 모두 이치에 어긋나는 것은 아니므로 가족들은 그 상태가 정신병적이라고 인정하지 않는 수가 많다. 이런 이유로 가족들은 환자를 입원시키기를 꺼려하고 단지 분위기를 바꿔주고 조용히 쉬게 하고 자신이 각성하기를 권고하며 되는 줄 알기 때문에 문제가 많다.

사람에게는 적당한 에너지가 필요하다. 뇌에도 적당한 뇌압이 필요하고 피에도 적당한 혈압이 요구된다. 마찬가지로 정신에도 적당한 압이 필요하다. 이것이 과도하게 높으면 조증, 너무 낮으면 우울증이라고 해도 크게 어긋나지 않는다.

조증인 사람은 에너지가 과도하게 넘치므로 이를 적절히 배출할 수 있게 해야 한다. 그러나 피로해진다고 해서 안정이 되기보다 오히려 흥분만 더 일어난다는 것을 명심해야 한다. 흔히 현명하지 못한 투자나 사업을 확장하여 손해를 입을 가능성이 있으므로 적절히 예방하여야 한다. 입원이 안 되는 경우 알코올남용, 낭비, 성적문란 등을 잘 감독해야 한다. 왜냐하면 그렇게 치우칠 가능성이 농후하기 때문이다. 상담 현장에서 이런 경우를 흔히 발견할 수 있다. 그런 열심은 내면 낼수록 문제는 더 심각해지기 일쑤이기 때문이다.

자부심이 강하므로 환자와 대립하거나 논쟁을 벌여 병세를 악화시키지 않도록 조심해야 한다.

상담치료는 질병의 이차적 장애 방지, 역동적 요인의 해결, 의사소통 능력, 긴장감소, 대인관계, 사회 적응을 위해 필요하다. 가벼운 우울증이나 경조증 상태에서 이 치료도 효과적으로 적용될 수 있다. 경조증이나 조증환자의 상담치료는 어렵다. 환자들은 흔히 가족들 중에 공격적 가학적, 성공적인 사람과 치료자를 동일시하여, 흔히 의도적으로 치료자로 하여금 자신을 거부하게끔 부정적 감정을 유발시키므로, 상담자는 매우 조심하여야 한다.

　대개 조증이나 경조증 증상이 우울증상으로 전환됨이 바람직하다고 한다. 때로 치료자는 환자의 과대적 주장에 대해 의문이 있다는 뜻을 표명하는 것만으로도 효과를 볼 수도 있다.

12. 우리를 쫓겨 다니게 하는 강박증을 벗고

영웅의 시대가 끝난 오늘의 사람에게는 신기루보다도 허망한 인기의 우상만이 부침한다. 그 부침하는 우상에게는 그보다 더 어리고 미숙한 10대의 추종자들이 무방비로 노출되어있다. 우상이 죽음을 택하면 따라서 같은 선택을 해야 한다고 생각하는 대책 없는 세력이다. 우리 시대는 경계선사회며 자아도취의 시대이다. 자신이 형편없는 존재라는 사실과 하늘같은 성공의 사람들이 있다고 믿는데 대부분이 그들과 자신을 동일시하려는 경향이 팽배한 사회다. 이런 사회에서는 성공한 사람들처럼 행동하려고 하고 그렇게 닮아가려는 강박적인 환경이 형성되어 우리 시대를 살아가는 모든 사람들은 강박증을 모두 경험한다. 그 무엇에 쫓겨 어쩔 수 없이 반복적으로 행동하는 그 모습의 빈도의 차이만 있을 뿐이다. 인간을 쫓겨 다니게 하는 그 원인이 과연 무엇일까?

강박증은 정신질환인데 과거력에 출산 시 두부외상, 측두엽간질, 뇌염, 무도병 등이 많았던 사실로부터 뇌 기능장애가 원인으로 추측되고 있다. 이는 PET 검사에서 뇌의 좌측이나 미상핵에 대사기능이 증가되어 있다는 사실에서 더욱 뒷받침되고 있다. 또한 대상회의 장애가 강박장애와 관련된다는 증거들이 있다.
또한 이 장애가 좌측 반구의 장애라는 가설이 제시되고 있다.

유전적으로 강박장애 환자들의 1차 가족 중에 강박장애의 발병률은 3~7%이며, 다른 불안장애의 가족 내 유병률이 0.5%임에 비추어 유전적 요인이 있다고 생각되어지고 있다. 이는 일란성 쌍둥이의 발병률이 이란성 쌍둥이 때보다 높다는 점에서도 뒷받침되고 있다.

사회심리학적 면에서 우선 강박장애는 병전 강박성 인격장애와는 뚜렷한 관련이 없는 것으로 알려져 있다. 정신 역동적으로 강박장애는 불안에 대한 다음 3가시 빙어기제에 의헤서 발생한다. 즉 고립, 취수, 반동형성이다. 고립에 의해 관련된 충동과 감정(불안)은 억압되고 감정 없는 사고만 의식화되는 것이다.

그러나 계속 의식화되려는 충동과 감정은 취소에 의해 더욱 방어되는 바 그 결과 강박행동이 출현하는 것이다. 반동형성에 의해 충동이나 감정에 반대되는, 강박장애 환자 특유의 과장적인 태도나 성격 방향이 형성된다.

정신분석적 입장에서 보면 강박장애 환자에게서 흔히 보이는 공격성과 청결벽은 성장과정 중 항문성-가학성 시기와 관련된다고 생각되어진다. 어린 시절 부모의 양육 과정에서 아이에게 미치는 영향은 이 아이가 자라 성인이 되었을 때 반드시 열매를 거두게 되어있다. 이 시기에 엄마의 젖을 정서적으로 만족하고 육체적으로 편안해야 한다. 배설로 만족을 누릴 때 엄마는 그 만족을 확실히 누리게 해야 한다. 그런데 이 어린아이가 부모로부터 그런 사랑과 감정을 제대로 누리지 못하면 대상에 대해 사랑과 미움을 동시에 갖는 수가 많으며, 이로써 심각한 반복적인 의심이 나타난다.

강박증에 걸린 환자는 불합리한 줄을 알면서도 반복적인 사고나 반복적인 행동을 보이는 것이 특징이다. 이 두 가지가 동시에 증상화될 때가 많다. 가장 흔한 증상으로

① 오염되었다고 생각하여 손을 씻는 행동인데 과도할 뿐 아니라 무엇에 지시를 받아 의무감에 매인 행동,

② 위험 또는 폭력에 관련된 의심이 들어 확인하는 행동,

③ 강박 행동 없는 단순한 강박사고로서 대개 성적 공격적 행동에 대한 반복적 생각,

④ 강박적 느낌으로 일상생활을 미적대고 꾸물대며 느리게 수행함 등이다.

죽음이나 삶의 가치 및 우주관 등 해결될 수 없는 관념에 대한 뒤풀이 생각(반추) 또는 쓸데없는 줄 알면서 자질구레한 헛걱정을 되풀이하는 강박사고도 있다. 강박행위는, 근저에 강박적 사고가 도사리고 있으나 그것이 행동으로 모두 표출되지는 못하고 일부만 드러나지만 자신은 여전히 불안하고 충동성을 안고 있을 수밖에 없다. 일부 중 우선 행동으로 나타난 경우인데, 손 씻기, 물건 정돈하기, 자물쇠나 수도꼭지 잠근 후 확인하기, 셈하기, 책의 읽은 부분을 다시 읽기, 시험 답안지 재확인 등을 몇 번씩 되풀이하는 것이다.

어떤 일을 시작하기 전에 의식적으로 수를 세고 머리를 긁적거린 후에 하는 행위가 반복되거나, 이와 비슷한 강박적 의식행위를 보이기도 한다. 이와 같은 강박적인 상태가 진행되면 자기가 행한 일에 자신이 없고 확실하게 했는지의 여부가 의심이 되어 확인행위를 하기도 하는데

이를 강박적 의심증이라 한다.

때로는 우울이나 불안증이 공존하며, 일시적으로 관계망상이나 지각 장애를 보일 수도 있다.

이렇게 쫓겨 다니는듯한 사람을 어떻게 도울 수 있을까?

상담 계획을 세울 때 환자의 태도나 의향과 상담자의 목적이 서로 잘 의논되어져야 한다. 이때 단기간에 완치된다는 경솔한 보장은 금물이며 될 수 있는 대로 현실 속에 적응하며 일도 하면서 치료하도록 계획하는 것이 좋다. 대화 시 환자의 강박적인 질문에 말려들지 말아야 하며 상담자도 확인하는 식의 대화를 피해야 한다.

필요에 따라서는 증상이 극심하여 입원치료와 전기충격요법을 권장할 때도 있다.

약물치료에 있어서 강박증에 항우울제를 사용한다. 불안과 우울이 동반될 때는 이에 해당되는 약물을 병용하는 것이 좋다.

상담치료는 장기간을 요하며 경비도 많이 드나 환자의 병적 인격 자체를 치료하기는 극히 어렵다. 그러나 비록 강박증에 시달리지만, 직장이 있고, 대인 관계를 유지하며, 교육 수준이 비교적 높고, 감정 표현이 잘 되면서 자기 문제에 대한 통찰력이 있을 때, 그리고 환경 여건에서 오는 증세의 악화와 불안이나 우울을 인정하여 극복하려는 의지가 있을 때, 상담치료로 효과를 기대할 수도 있다.

그러나 이 치료에 대해 신앙적 격려는 강박증 치료에 있어서 가장 큰 효과를 볼 수 있다. 신앙적 격려를 통해 내담자는 자신의 문제와 대면하게 하고 그 뿌리를 조금씩 유추하고 원인에 대하여 해석하면서 깨달을 뿐 아니라 그 문제를 극복할 수 있는 힘을 얻기 때문이다.

　수많은 정신질환 중 기독교적 신앙으로 치유하기 용이한 것이 강박증세이다. 환자 입장에서 이해하면 세상은 너무 무섭고 의심으로 가득 차 있다. 그런데 신앙 안에서 조금씩 그 껍질이 벗겨지고 자신의 원 가족에서 흘러내리는 유전적 원인, 자신의 유아기적 환경을 보게 되고 서서히 직면과 해석으로 나아가면서 치유되어 간다.

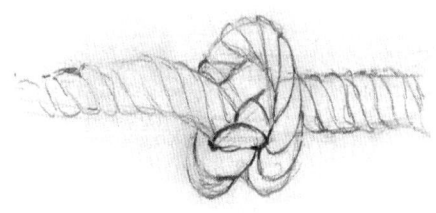

13. 아침이 밝을 것인가(Will Daylight Come)

죄의 노예 리처드 훼플러(Richrd Hoefler)는 그의 책 '아침이 밝을 것인가(Will Daylight Come)'에서, 할아버지네 농장을 방문하는 남매에 관한 가성석인 이야기를 들려준다.

쟈니(Jonny)는 새총을 하나 얻었고, 조그만 돌로 나무를 맞추려고 새총을 연습하기 시작했다. 솜씨가 점점 나아졌다. 그런데 어느 날, 곳간에 들어갔을 때 할머니께서 아끼시는 오리를 몰래 훔쳐보게 되었다. 갑작스러운 충동에 그만 오리를 겨냥해서 새총을 쏘았는데 오리는 맞아죽고 말았다.

소년은 겁이 덜컥 났다. 이제는 어쩔 것인가? 소년은 절망적으로 오리를 장작더미 속에 감추었는데, 고개를 들자 누이가 지켜보고 있는 게 아닌가. 샐리(Sally)는 쟈니가 한 짓을 모두 다 보고 말았지만 아무 말도 하지 않았다.

그날 점심을 먹고 나서 할머니께서 "샐리야! 우리 접시 좀 닦을까?"라고 말씀하셨다. 그러자 샐리는 "할머니, 쟈니가요. 오늘은 자기가 부엌일을 돕고 싶다고 그러던데요. 그렇지. 쟈니?"라고 말했다. 그리고는 그녀는 허리를 굽혀 그의 귀에다 대고 속삭였다.

"오리 …… 알지!" 쟈니는 접시를 닦았다.

나중에 할아버지께서 아이들을 낚시하러 데리러 가신다고 하셨다. 그러나 할머니께서 말씀하시길, "어쩜 좋지? 샐리가 저녁 만드는 걸 거들어 주었으면 좋겠는데 ……." 라고 말씀하셨다. 샐리는 웃으면서, "걱정하실 거 없어요. 쟈니가 하고 싶다는데요." 그리고 그녀는 또 이렇게 속삭였다.

"오리"

쟈니는 샐리가 할아버지와 낚시를 간 동안 집에 남아 일을 해야 했다. 며칠 동안 두 사람 몫, 곧 자기 몫과 샐리 몫의 일까지 하고 나니 쟈니는 더 이상 견딜 수가 없었다. 그래서 그는 할머니께 오리에 관하여 고백하기로 결심했다. 쟈니가 솔직히 오리를 죽인 것을 말씀드리자 할머니께서는 쟈니를 꼭 안아주시면서 말씀하셨다.

"다 알고 있단다. 나는 그때 창문에서 서 있었거든. 나는 널 사랑하니까 용서해 줄께. 나는 네가 왜 그렇게 샐리에게 꼼짝 못하는지 궁금했었단다."

우리의 잘못을 고백하지 않음으로 누이에게 들볶이고 있다는 것은 참으로 가슴 아픈 이야기이다. 우리는 결국 그것을 털어놓는 것 이외에는 달리 방법이 없다는 점을 깨닫게 된다. 그것은 다른 이들과의 관계 속에서 동일하게 적용되는 문제이다. 우리는 연약한 존재이므로 심각한 범죄에 빠질 가능성이 얼마든지 있다.

그러나 그보다 더 심각한 문제는 그 이후에 있다.

우리가 그 범죄를 감추고 은폐시키려 하고 있을 때 사단은 우리 귀에다 대고 속삭인다. '넌 이제 끝장이야. 넌 실패자야. 넌 하나님의 저주를 받게 될 거야. 자, 네가 그런 짓을 저질러 놓고서도 하나님의 백성이라

고 할 수 있나?'

그러나 속지 말라. 하나님께서는 이렇게 말씀하신다.

"오너라, 우리 허심탄회하게 이야기해보자. 너희 죄가 주홍 같을지라도 눈과 같이 희게 될 것이며, 진홍 같이 붉을지라도 양털처럼 될 것이다."(사 1:18). 그리고 성경은 약속하고 있다."우리가 우리 죄를 고백하면 신실하시고 의로우신 하나님은 우리 죄를 용서하시고 모든 죄악에서 우리를 깨끗게 하실 것이다"(요일 1:9)

"오너라. 우리 허심탄회하게 이야기해 보자."라고 요청하시는 하나님께 나아가라. 이미 하나님은 우리 죄를 다 알고 계신다. 그럼에도 불구하고 하나님께서 우리 입으로 우리 죄를 인정하고 시인하기를 원하시는 것은 무슨 책망이나 징계를 위해서가 아니라 바로 우리 자신을 위해서이다.

하나님은 우리가 죄책감이나 두려움의 노예가 되어 사단의 하수인 노릇하고 있는 것을 원치 않으신다. 하나님께서 더 염려하시는 것은 우리 속에 심어두신 '양심'이 서서히 마비되어 가는 그 자체일지도 모른다. 할머니가 쟈니의 잘못을 아시면서도 침묵하셨듯이 하나님도 모른 체 하실 수도 있다.

그러나 그 대신 남는 것은 우리 자신들의 영혼과 삶의 황폐화이다. 우리 자신의 거짓과 속임수와 가증스러운 죄악에 대해 아무런 징계가 없을 때 우리의 양심은 서서히 굳어 가고 그런 죄악들에 대해 익숙해져 갈 것이다. 하나님 앞에 나아가 우리의 실수와 죄악에 대해 자백하고 시인하는 것은 바로 우리 속의 양심 위에 끼어있는 이끼들을 벗겨내는 것과도 같다.

하나님의 관심은 우리가 잘못한 것을 잘못한 것이라고 인정하는 그 자체에 있다. 할머니가 쟈니의 '고백'을 소중히 여기고 전적으로 그의 잘못을 용서하셨던 이유를 묵상해보라.

아무리 심각하고 중한 범죄일지라도 하나님 앞에서 용서되지 못하는 죄는 없다. 만일 우리가 그 죄에 대해 인정하고 하나님 앞에 나아와 엎드리는 한 말이다.

14. 사울 왕은 왜 실패했나(강박증)

하나님의 관심은 우리가 잘못한 것을 잘못한 것이라고 인정하는 그 자체에 있다. 할머니가 쟈니의 '고백'을 소중히 여기고 전적으로 그의 잘못을 용서하셨던 이유를 묵상해보라.

아무리 심각하고 중한 범죄일지라도 하나님 앞에서 용서되지 못하는 죄는 없다. 만일 우리가 그 죄에 대해 인정하고 하나님 앞에 나아와 엎드리는 한 말이다.

몬주익의 신화를 낳았고 아시안게임에서 그 신화에 확인의 못을 박아준 그는 그 밖에도 우리의 기대를 어긋나게 하지 않았다. 올림픽 우승의 강박관념을 이기기 어려워서였는지 잠시 방황도 했지만 여전히 그만큼 자신을 유지한 것은 무서운 책임감이었을 것이다.

그런 그를 우리는 진작 놓아줘야 하는 것은 아니었을까.

육상연맹은 규정대로 3명의 선수와 황선수를 애틀랜타 파견의 예비선수로 유보하고 최종 엔트리는 훈련 상태를 보아 결정하는 것으로 하고 있었다. 그러나 '죄인 같은 심정'으로 숨어 지내던 그는 "동료가 어렵게 얻은 자격을 양보하라는 것은 도리가 아니라"는 생각에 이른 것이다.

그래서 은퇴 선언을 결행한 것이다.

언제 또 다리에 쥐가 날지 모를 그를 그만 풀어주고 다음 영웅을 발굴

하여 새 피를 수혈(輸血)하는 일이 국가적으로도 중요하다.

그런 영웅을 최후의 진 까지 뽑아 추락하는 몰골이 되게 하는 것은 국민적으로 괴로운 일이다. 부상하고도 사명감으로 완주하고는 "사람 만나기가 두려워 숨어살았다"는 그가 너무 애처롭다. 그런데 스포츠 영웅에게만 이 강박증이 지배하는 것이 아니고 현대인 대부분에게 이 증상이 나타나고 있고 문제가 되고 있다. 사회가 복합성을 지니고 있고 사상과 철학, 경제와 정치가 혼돈에 싸여있고 인간은 더 많은 과제와 더 높은 수준의 목적을 요구받고 있는 가운데 이 강박증은 인간들의 정신을 황폐화 시키고 있다. 그 원인을 살펴본다.

의지의 간섭을 벗어나서 특정한 생각(강박사고라고 함)이나 행동(강박행동이라고 함)을 반복하는 상태를 강박증이라 말한다. 강박증으로 내재한 불안은 어느 정도 조절되지만 이 강박행동을 중지하면 불안증세가 다시 나타나므로 불합리한 줄 알면서도 반복하지 않을 수 없다. 현대인들에게 언제부터 인지 강박증세가 삶을 지배하기 시작했다. 그 정도가 심하여 고통이 생기고 개인 일상생활이나 직장 사회생활이나 대인관계에 지장을 일으키면 병이 된다.

환자는 강박사고나 강박행동 중 하나만을 나타내기도 하나 둘 다 보이는 경우도 있다. 강박장애는 흔히 불안을 줄이기 위해 형성된 것이나 그렇지 못하고 증상 때문에 또 다른 불안이 증가하기도 한다.

심각한 강박증은 정신과에서 치료받는 환자 중에서 2%를 차지하고 있다. 발병 시기는 사춘기 이전에는 뚜렷하게 드러나지 않아 관심을 갖고 살피지 않으면 건너뛸 수도 있다. 그러나 대부분의 정신 질환이 그러함같이 사춘기를 지나면서 발생되는 사례가 대부분이며 또 성인 초기 어른에게서 처음 발병할 때도 있다. 남, 여 발병 비율은 비슷하다. 전 세계적인 통계를 보면 환자들은 대개 경제수준이 높고, 학력이나 지능이 높은 사람들에게 많이 나타나지만 현대인 대부분은 어느 정도의 강박적 사고나 행동을 지니고 있고 있다.

한편으로 유전성 및 가족성 발병 경향을 보이는 경우도 있다. MMPI을 통하여 심사해 보면 강박증을 쉽게 찾아낼 수 있다. 목회자들에게도 이 강박증에 시달리는 경우가 적지 않다.

쇼키 요코이라는 한 일본인 병사는 2차 세계 대전의 전세가 일본군에게 불리해지자 괌 섬에 있는 한 동굴로 잠적해 버렸다. 그는 적에게 목숨을 빼앗길까 두려워 28년 동안이나 그 정글 속에 숨어살면서 밤에만 나와서 돌아다녔다. 이 은둔자는 그 오랜 세월 동안 개구리, 들쥐, 달팽이, 새우, 호두, 밤, 망고 열매 등을 먹고 살았다.

또한 나무 껍질에서 얻은 삼베 같은 천으로 바지와 재킷을 만들어 입었다.

요코이는 후에, 괌 정글 전역에 뿌려진 삐라를 보고서야 비로소 전쟁이 끝났음을 알았다고 한다 하지만 그는 밖으로 나가면 처형될지도 모른다는 두려움과 강박증에 시달렸다. 이 처럼 강박증은 현실로부터 도피하게 하고 끊임 없이 추궁당하는 삶을 살게 된다.

사울은 언제부터 정신적 문제를 지니게 됐는가? 다윗이 골리앗을 이기고 돌아올 때 군중의 환호소리 '사울은 천천이요 다윗은 만만이로다'

이 한 마디였다. 이때부터 다윗이 자신의 왕위 차지할 것 같은 강박증이 그를 지배하기 시작했다. 그때부터 그의 모습은 일그러지고 마귀의 지배를 받는 모습으로 달라지며 집요하게 다윗을 쫓기 시작했다. 그의 왕위 절반 이상이 강박증에 허득이다가 생을 비참하게 마감했다.

15. 공황장애가 급속이 늘고 있다

근래에 정신의학계에서 놀라움을 금치 못하는 것은 공황장애 자가 급속이 늘고 있다는 사실이다. 여기에는 정신적으로 가장 건강해야 할 목회자들에게도 예외 없이 공황장애로 시달리는 경우가 많다는 사실이다. 공항장애의 원인 가운데 공통점으로 등장하는 것이 바로 스트레스이다.

정신과 영역에서 가장 현대인의 스트레스와 관련이 있는 병을 들라고 하면 아무래도 공황장애를 들 수 있을 것이다. 사람마다 정신세계와 그가 속한 사회·문화적 배경이 매우 다양함에도 불구하고 공황장애는 남녀노소, 서양인이나 동양인이 나를 막론하고 성직이나 일반직을 막론하고 그 증상에 있어 매우 동일한 유형을 가지고 나타난다.

제 주변에도 좋은 대학을 나오고 군목까지 다녀온 잘 생기고 설교도 청중을 감동시킬만한 실력을 갖춘 40대 목사님이 있다. 그런데 교회 안에 조그마한 일이 생기기는 했으나 그것을 목회를 하고 마는 문제는 아닌데 불구하고 모든 목회를 중단했다. 그 이유는 교인이 겁이 나고 목회가 겁이 난다는 것이었다. 잠에서 놀라 일어나는 경우가 허다하고 정신적으로 메말라 가는데 얼마나 안타까운 일인지 모른다.

한창 열심히 일할 나이인 30대 중반의 K씨가 어느 날 갑자기 다니던

무역회사에 휴직계를 내고 문밖에 나가기를 꺼리게까지 되었다. 바이어들과 상담을 하며 식사를 하던 중 그는 갑자기 원인 모를 심한 불안과 공포를 느낌과 동시에 가슴이 뛰면서 머리가 어지럽고 온몸에 힘이 쭉 빠지는 느낌을 받았다.

그는 다시 며칠 뒤에는 차를 타고 퇴근을 하다가 앞뒤로 꽉 막힌 교통체증의 와중에서 말로는 표현할 수 없는 답답함과 숨이 금방이라도 막히는 듯한 극심한 죽음의 공포감을 느꼈다. 손발이 떨리고 식은땀이 나면서 눈앞이 캄캄해져서 금방이라도 미쳐서 차를 팽개쳐 두고 갈 것 같은 심한 불안증세가 엄습했다.

그는 혹시 심장마비 증세가 아닌가 하여 정신없이 병원 응급실로 달려가 심전도와 혈액검사 등 완벽한 검사를 해 보았으나 모두 정상이었다.

의사의 자세한 진찰과 심전도 등의 갖가지 정밀검사에도 불구하고 뚜렷한 원인이 밝혀지지 않은 채 이런 발작 상태가 몇 차례 반복되면 환자들은 이제 이런 상태가 또 일어나지 않을까 하는 두려움 때문에 병원을 전전하게 되고 심장약, 안정제, 우황청심원 등등을 닥치는 대로 먹는 건강염려증 상태가 된다.

매사에 자신이 없게 되고 일상생활에 제약을 받게 되며 특히 공황발작이 일어날 가능성이 큰 장소들, 즉 지하철, 만원버스, 사람들이 꽉 들어찬 쇼핑센터나 공기가 희박하다고 여겨지는 사우나, 엘리베이터 등의 좁은 공간, 비행기 등 중간에 쉴 수 없는 상황들을 기피하게 된다.

가슴이 뛰거나 숨이 차는 상황도 공황장애를 연상하기 때문에 부부간의 성관계도 회피하게 된다. 심한 경우 아예 혼자서는 집 밖에 나가려고도 하지 않는 임소 공포증 단계가 오게 된다.

제대로 치료를 하지 않으면 만성화가 되면서 우울증, 자살, 알코올중독이나 약물중독 등의 심각한 후유증을 갖게 되기도 한다.

공황장애가 사람들의 관심을 끌게 된 것은 비교적 최근의 일로써 아직도 그 원인이 잘 나타나 있지 않다. 어떤 학자들은 현대의 익명성 스트레스가 현대인을 마치 덫에 빠뜨린 것처럼 몰아간다고 주장하기도 한다. 반면에 유전적 또는 선천적인 영향을 연구하는 학자들은 뇌 속에 청반핵(locus ceruleus)이란 곳이 인간의 긴급 대처 반응을 주관하는 자율신경중추를 이루고 있는데 바로 여기에 생화학적 결함이 있어서 자율신경이 제멋대로 작동하게 되기 때문에 공황장애가 일어난다고 주장한다.

마치 불이 나지도 않았는데 화재를 감지하는 화재경보기가 제멋대로 작동하는 것과 같은 이치이다. 어떤 이유인지는 모르나 청 반핵이 예민해지게 되는 것은 몹시 피곤한 상태, 예를 들면 상갓집에서 밤샘을 했다든지 몹시 과음을 하고 난 이튿날 탈진상태, 또는 윗사람과 심한 언쟁을 하고서 고민을 했을 경우 등에서 흔히 볼 수 있는 현상이다.

어쨌든 임상적으로 다행스러운 것은 공황장애는 그 증상이 워낙 독특하고 분명하기 때문에 누구나 쉽게 진단을 내릴 수 있으며 초기에 적절한 치료를 하면 비교적 예후가 좋은 병이다. 오래 경과되어 심한 임소공포증 단계까지 가기 전에 초기에 잘 치료하면 완치도 가능인간이 감당하기 어려운 한도가 넘어선 과제를 수행하고 있다는 증거이다. 인간의 나약함, 한계성을 인식하고 다시 하나님께로 돌아가고 창조주께서 주시는 새 힘으로 공급되어야 할 존재들이다.

16. 정신불안, 이렇게 시작

지나치게 엄격하고 난폭한 아버지 때문에 늘 불안하고 가족 전체가 힘들어요.

"제가 불안의 증상을 겪는 것은 아버지 때문이에요. 아버지의 성격이 굉장히 엄격하고 자기주장을 남에게 강요하십니다. 어느 정도인가 하면 아마 일곱살 때쯤으로 기억해요. 한 번은 제가 집에서 돈을 훔친 적이 있는데 그때 아버지는 저의 혀를 자르려고 하셨습니다."

"예, 그런 일이 있었군요."

"요즘도 아버지 생각을 하면 초조하고 불안합니다. 아버지가 늦게 들어오시면 불안해서 아무 일도 못 합니다."

"늦게 들어오실 때 마음이 불안한 이유는 무엇인가요?"

"아버지는 늦게 들어오실 때 대부분 술을 드시고 오십니다. 그리고는 식구들을 힘들게 하지요. 식구들을 때리고, 살림살이를 부수고… ."

"그러시군요."

"아버지의 문제는 성격입니다. 그러니까 모든 것을 말로 하는 것이 아니고 그저 자기 생각대로 다른 사람들이 움직이기를 바라는 것이 문제라고 생각합니다. 당연히 상대는 모르지요. 그래서 당신의 뜻대로 안되면 그때부터 문제가 되는 겁니다."

"어렸을 때부터 그렇게 자기 마음대로 하려고 하고 그게 안되면 폭력을 휘두르는 아버지 때문에 불안함을 많이 갖고 있었고 지금도 그런 상태인 것 같군요."

"예, 그런 것 같아요. 저의 이런 증상은 오래됐어요. 고등학교 때부터 친구 사귀기를 싫어했고 만사가 귀찮았었는데 지금은 더 그렇습니다. 어려서부터 공상을 많이 했어요."

"지금의 그런 무기력을 극복하기 위해서 어떤 노력을 해보셨습니까?"

"별로 한 건 없어요. 사실 저도 노력은 중요하다고 생각합니다. 그러나 제가 지금 느끼고 있는 불안을 노력만으로 극복하기는 힘들어요."

"어떻게 하고 싶으세요?"

"사실은 집을 떠나서 혼자 생활하고 싶어요."

"그것이 가능한가요?"

"제가 노력을 하면 가능할 수도 있지만 문제는 집안에 있습니다. 형이 아버님 때문에 작년에 정신병원에 입원한 적이 있어요. 정신분열증이었지요. 지금은 퇴원을 해서 통원치료를 받고 있습니다. 어머니는 어머니와 형이 집을 나갈 테니까 저보고 아버지와 같이 살라고 합니다. 아버지와 형이 같이 살게 되면 형의 병이 낫지 않는다고 제가 아버지 곁에 있어야 된다는 거지요. 어머니는 저보다 더 아버지에게 아무 말도 못하시는 분입니다. 일평생을 아버지 때문에 고생만 하면서 사셨어요. 어머니를 생각하면 가슴이 아프기도 하지만 한편으로는 원망스럽기도 합니다."

"어머니에 대해서 불쌍한 마음도 있지만 왜 평생을 아버지에게 저렇게 죽어서 사나 하는 원망도 있군요. 어머니라도 아버지에게 주장을 하셔서 자식들까지 이렇게 힘들게 하지 않도록 해주었으면 하는 바람도 있으셨나 봐요."

"그런 마음이 있었습니다."

"형이 아프니까 집을 나갈 수 있는 형편은 안 되는군요. 그런 아버지를 이해하겠다는 생각을 하신 적은 없나요?"

"그간 저 나름대로 노력을 많이 했지만 그건 정말 힘들어요. 중간 중간에 터져 나오는 아버지의 폭력을 견딜 수가 없어요."

"아버지의 성격을 바꾸기는 힘듭니다. 지금 전화 주신 분이 아버지에게 적응을 해서 살아가려는 노력이 필요해요. 제 말을 어떻게 생각하세요?"

"안됩니다."

"그 이유는요?"

"지금까지 그렇게 생활했어요. 하지만 저는 아버님에게 맞추며 살고 싶지는 않습니다. 저의 마음을 이해할 수 있으신지 모르겠지만 저는… "

"아버님의 마음을 맞추며 산다는 것과 아버님을 이해하면서 사는 것은 다릅니다. 아버님의 마음을 맞추며 살면 자존심에 손상이 올 수도 있습니다. 그러나 아버님을 이해하면서 산다는 것은 자존심과는 아무런 상관이 없습니다. 오히려 자기 자신에게 자랑스러울 수가 있지요. 왜냐하면 이해란 과거의 문제는 과거로 돌려줍니다. 그리고 그 속에서 벗어나서 자기를 사랑하고, 자기를 용서해주면 결국 아버지를 이해할 수 있지요. 지금 당신이 불안과 무기력을 느끼는 것은 일종의 자기학대입니다. 지금 한 저의 얘기에서 대해서 어떻게 생각하십니까?"

"생각해보겠습니다. 하지만 현실을 무시할 수는 없습니다. 그래서 힘듭니다."

"현실을 보는 시각에 따라서 다릅니다. 현실은 그것을 바라보는 나의 자세에 따라서 달라질 수도 있습니다. 예를 들어서 긍정적으로 보느냐 부정적으로 보느냐는 엄청난 차이가 있습니다."

"직접 그 속에 있을 때는 문제가 훨씬 심각하고 어렵습니다."

"그렇지요. 이것이 말처럼 쉬운 것이 아니라는 것은 저도 인정합니다."

"지금 당장도 아버지를 대하면 정신이 없습니다. 그리고 아까 말씀드린 것처럼 아버지가 집에 안 계셔도 역시 불안해요. 아버지가 정말 밉습니다. 그것을 의식합니다."

"그런 아버지를 내가 용서하고 이해하기 위해서는 내가 나를 이해해 주어야 합니다. 우선 아버지에 대한 분노를 다른 곳, 예를 들면 운동을 하다든지 이성교제를 통해 폭넓은 대화를 나누면서 표출시키는 것이 좋습니다. 집에만 있지 말고 다른 곳에서 여러 사람들을 만나서 지내보세요."

"저도 그런 생각을 해봤지만 아버지는 저에게 그 정도의 여유도 주지 않습니다."

"여유를 안 준다는 말은 무슨 뜻인가요?"

"스무 살이 훨씬 넘었는데 저는 요즘도 저녁 6시에 귀가합니다. 조금이라도 늦으면 아버지가 문제를 삼습니다."

"아버지에게 당신의 생각을 말하신 적이 있나요?"

"아니요."

"나의 옳은 주장을 아버지에게 내세우는 것은 정신적인 독립을 의미합니다. 아버지가 문제를 삼아도 내가 필요해서 시간을 할애하는 경우는 용기를 갖고 당당히 얘기를 하셔야 합니다. 당신이 먼저 아버지와의 대화를 시도해서 대화로 푸셔야 합니다."

"아버지가 문제를 삼는다는 것은 저만의 일로 끝나지 않아요. 가족 전체가 힘들어집니다. 정말 어떻게 해야 될지를 모르겠어요."

"아버지가 상담을 받도록 하시는 방법은 생각해 보셨습니까?"

"지금 상황이라면 아버지에게 상담을 받으시라는 말은 꺼내는 것조차 어려운 일입니다."

"제가 도와드리겠습니다. 다시 한 번 이곳으로 나오셔서 저와 자세한 얘기를 나눈 뒤 아버님이 상담을 받으실 수 있는 방법을 마련해보지요. 용기를 잃지 마십시오. 지금 당신이 처한 상황, 아니 어렸을 때부터 남들과는 다른 경험과 어려움 들을 겪으면서도 그렇게 대학을 들어가고 온전히 커온 것을 보면 당신은 남들이 가지지 못한 큰 힘이 있는 사람입니다. 조금 더 힘을 써보십시오. 이젠 결코 참고 견디는 것만이 아니라 현명함과 지혜 그리고 용기가 필요할지도 모릅니다. 아버지의 그런 모습을 이젠 어른의 눈으로 바라보셔야 합니다. 아버지를 이해할 필요도 있고, 아버지 보다 한 단계 위에 서실 필요도 있습니다. 그러기 위해서는 무기력이 아니라 배짱이 필요합니다. 당신은 잘 이겨낼 수 있어요.

이왕 그런 가정에서 태어난 것을, 그런 분이 당신의 아버님인 것을 어쩌겠습니까?"

　이 상담에서의 긍정적인 점은 상담자가 내담자의 마음을 진정으로 공감할 수 있었다는 것이다. 아버지로 인해 어릴 때부터 가졌던 불안, 분노, 무기력 그리고 지금까지도 계속되는 내담자의 아픈 마음을 상담자는 느낄 수 있었다. 그리고 이 마음은 굳이 말이 아니더라도 내담자에게 반드시 전달되었으리라 믿는다.
　'내담자와 함께 있음'은 상담자가 해야 할 가장 큰 역할이며 상담에서 내담자에게 줄 수 있는 큰 힘이 아니었던가. 그런 의미에서 이 상담은 길고 힘든 앞으로의 어려운 여정을 성공적으로 시작한 것 같다.
　하지만 지금 이 내담자가 처해 있는 골 깊은 무기력은 상담을 어렵게 만들기도 했다. 군데군데 했던 상담자의 충고가 내담자에게 제대로 들리지 않은 이유는 바로 그 때문이었을 것이다. 상담자의 이런 충고들이 그에게 제대로 들릴 때쯤이면 오히려 내담자는 이미 문제에서 많이 벗어나 있을지도 모르겠다.
　이 내담자에게는 충고보다는 따스한 지지가 더 필요한 상태였을 것이다.

17. 무엇이 우리를 우울하게 하는가?

뉴욕에서 카운슬링을 전문으로 하고 있는 한 목사는 자기를 찾아오는 사람의 99%는 문제의 뿌리에 외로움이 있다고 지적하였다. 종교뉴스지의 조사에 의하던 응답자의 80%가 자기는 외롭다고 고백하였다고 한다. 알코올, 환각제, 과식, 정신질환들이 고독에서 오는 원인이 크다는 것은 이미 상식이 되어 있다. 그래서 고독을 방치하지 말아야 한다.

의사들은 불면증, 현기증, 위장 장애, 두통, 심지어 감기까지 그 깊은 원인을 외로움에서 찾아내고 있다. 미국의 경우 자살자는 해마다 50만 명에 달하는데, 물론 자살의 근본 원인은 고독이다.

외롭다는 말은 부정적인 표현이다. 만일 이 말을 "혼자 있다"라는 표현으로 쓰면 무척 긍정적인 내용이 된다. 신학자 틸리히의 용어를 빌면 고독은 혼자 있는 쓰라림(Pain of being alone)을 말하는 것이고 독존(solitude)이란 혼자 있는 영광(glory of being alone)을 말하는 것이다. 혼자 있다는 것은 외로움이 아니라 1보 후퇴 2보 전진의 기회이며, 힘의 비축이고 생산력을 저축하는 시간이다.

우울증의 원인에는 여러 가지가 있다. 다음에 그 몇 가지를 들어보면, 우울증은 흔히 쓸모없는 느낌, 방향감각 결핍, 실제 또는 상상적인 죄의식, 열등의식, 부적합 감, 어떤 사업에 대한 실패 등에서 온다. 또한 우울증은 목표를 달성할 수 없을 때, 실제 또는 상상적인 거부나, 비난에서 오는 감정이 많은 사람들의 경우에 있어서 공통이라고 할 수 있다.

우울증은 분노의 간접적인 표시인데 이것은 곧 표현되지 못한 격심한 분노와 여기에 대한 죄의식에서 결과된 것이다. 사람들은 보통 자기들이 어떤 사물이나 인간에 대해 분노를 품었을 때 이 분노를 표현하거나 인정할 수 있는 단계에 이르지 못하고 숨기기 때문에 우울해지는 것이다. 분노는 죄의식으로 변하고 이것은 다시 우울증으로 결과 된다.

우울증은 보통 어떤 사람, 즉 사랑하는 사람을 잃었을 때와 귀중하고 가치 있는 것들, 즉 지위, 명성, 기회, 또는 안정을 잃었을 때에 올 수 있다.

죄의식 역시 우울증을 일으킬 수 있다.

우울증은 어린 시절에 충분한 사랑과 애정을 받지 못한 결과라고 할 수 있다.

우울증은 신체적인 원인에서 올 수 있다. 빈약한 식사나 수면, 운동 부족, 질병, 뇌중상, 생화학적인 불균형, 유전적인 요인 등이 모든 것이 우리 몸에, 나아가서 감정에 영향을 끼칠 수 있다.

이상에서 살펴본 바 와 같이 우울증이란 한 가지 원인으로 생기는 것이 아니란 것을 알 수 있다. 특히 우울증은 죄악, 공포, 불안이 혼합된 모호한 감정이다.

우울증에 걸린 사람들은 외로움과 무력감, 절망감, 버림받은 느낌을 갖는다. 심한 사람들은 자신들을 실패자로 생각하고 불행과 슬픔으로 압도당해 버린다. 또 어떤 사람들은 무가치함과 죄의식으로 압박감을 느낀다.

우울증에 걸린 사람은 압도적인 무거운 짐을 볼 때 무력감을 느낀다. 그는 무용함과, 집중의 곤란을 느끼며, 긴장을 풀 수도 없고 그렇다고 활동할 수도 없으며, 정력이 넘쳐나는데도 불구하고 끊임없이 피로를 느낀다. 이러한 우울 상태에서는 자기 자신이 실제로 원하는 것이 무엇인지조차 알지 못한다.

그는 누구에게도 소속감을 느끼지 못하며, 쉽게 상처를 받고 낙담한다. 그는 또한 죄의식을 느끼는데 왜 그렇게 느끼는지 그 이유를 모른다.

우울증으로 고통을 받는 사람들은 "떠도는 불안감(free anxiety)"을 느낀다. 즉 그들은 불안감을 느끼되 그 불안이 정확하게 무엇인가를 모른다.

우울증은 흔히 죄로 인해 생긴 내부로 향한 공격 또는 적의이다. 이 때문에 무력하게 되고 불안과 공포에 대해 불안정감을 갖게 되며 때로는 마비되기까지 하는 것이다.

심한 우울증은 말, 걸음걸이, 몸짓 등을 더디게 만든다. 내성적이고, 위축되며, 낙담하여 아무것도 할 수 있는 일이 없다.

젊은이들의 우울증은 사랑과 미움이 얽힌 감정일 수도 있어서 그들의 부모나 그 밖의 권위에 대하여 반대 양립적인 모호하게 하는 감정을 품는다.

18. 우울증 상담설교

40세의 집사입니다. 한때는 행복하게 살았습니다. 그러나 최근에는 계획하는 일마다 실패입니다. 최근에는 사랑하는 아내도 곁을 떠났습니다. 도저히 세상을 살아갈 의욕이 없습니다. 주체할 수 없는 절망감만이 저를 사로잡습니다.

무어라 위로를 해야 할지 모르겠군요.
20세기의 유명한 시인이요 괴테상과 노벨상을 수상했던 헤르만 헷세의 '기도'라는 시는 오늘날 절망 중에 사는 많은 이들에게 큰 힘과 용기를 불어 넣어주는 시입니다.

"주여, 저를 절망시켜 주소서,
당신에게가 아니라 제 자신에게 절망하게 하소서.
미친 듯 모든 슬픔을 맛보게 하시고
온갖 고뇌의 불꽃을 핥게 하소서.
온갖 치욕을 맛보게 하소서
제 자신을 지탱하기를 돕지 마소서.
그러나 저의 온 자아가 파괴되었을 때는,
저에게 가르쳐 주소서,
당신이 그렇게 하셨다는 것을
당신이 불꽃과 고뇌를 보내셨다는 것을

저는 기꺼이 멸망하고,
기꺼이 죽고 싶습니다.
저는 오직 당신의 품에서만 죽을 수 있기 때문입니다."

우리 인생의 삶 속에서 필연적으로 찾아오는 절망을 잘 극복하고 신앙 안에서 잘 승화시킨 한편의 아름다운 시입니다.

이런 절망적인 삶이 일어나는 이유에 대해 야아쉬라고 하는 사람은 다음과 같이 4가지로 분류를 했습니다.

1. 사람들이 어떤 목적을 세워서 열심히 수고했지만 그 일에 대해 어떤 성과를 얻지 못 했을 때
2. 현재 자신에게 주어진 상황이 그 어떤 것도 시작할 수도 없을 정도로 답답할 때
3. 소망이 더디 이루어지므로 중도에서 포기하고자 하는 마음이 일어날 때
4. 자신이 수고한 일에 대해 정당한 대가가 주어지지 않을 때

절망적인 삶이 일어난다고 했습니다.

한 마디로 불만이 극에 달했을 때, 근심이 극에 달했을 때 생기는 것이 절망이라고 정의를 내리고 있습니다.

그러나 이런 정의는 세상적인 정의에 불과합니다.

우리 기독교인들은 세상 사람들과 똑같이 절망의 상태를 경험하지만 그 절망을 받아들이는 방법에 있어서는 전혀 다릅니다.

사도 바울도 극심한 고통을 당한 경험을 가지고 있습니다. 오죽하면

자신이 당한 극심한 고통을 '사방으로 우겨쌈을 당한다, 답답한 일을 당한다, 핍박을 받는다, 거꾸러뜨림을 당한다'고 표현을 하고 있을까요.

   그러나 이렇게 절망적인 상황을 표현하면서도 사도바울은 사방으로 우겨쌈을 당하여도 싸이지 아니하고, 답답한 일을 당하여도 낙심하지 않고, 핍박을 받아도 버린바 되지 않고, 거꾸러뜨림을 당하여도 망하지 않는다는 말을 함으로써 절망이 절망으로서 끝나는 것이 아니라 절망 이후에 희망찬 미래가 있고 소망이 있음을 강력하게 시사해 주고 있는 것입니다.

   이것이 바로 기독교인 이 절망을 받아들이는 방법인 것입니다.

   그렇다면 왜? 기독교인들은 이렇게 절망을 절망으로 여기지 않고 좌절하지 않고 포기하지 않고 거뜬하게 그 절망을 디디고 일어서서 승리의 삶을 삽니까?

   그 이유를 살펴보면

   1. 욥의 경우를 통해 우리는 우리가 절망 상태에 있게 되는 그 궁극적인 배경은 하나님께 있다는 사실을 알 수 있기 때문입니다.

   욥의 경우 그는 우스땅의 부자였습니다. 그러나 그는 많은 재산이 다 없어지고 자녀도 다 죽었습니다. 거기에다가 온몸에 악창이 생겨서 기와 조각으로 몸을 긁는 신세가 되었습니다. 설상가상으로 가장 친한 인생의 동반자인 아내까지도 하나님을 저주하고 죽으라고 폭언을 합니다.

   참으로 깊은 절망의 밑바닥을 헤매이고 있었던 사람이 바로 욥이었습니다.

이 세상에 그 누구도 이런 욥보다 더한 절망의 삶을 산 사람은 없었을 것입니다. 그러나 이런 욥의 절망의 상태가 있기 전에 어떤 일이 있었습니까?

하나님과 사단의 대화의 장면이 있었습니다. 다음은 그 내용입니다.

> 하루는 하나님의 아들들이 와서 여호와 앞에 섰고 사단도 그들 가운데 왔는지라 여호와께서 사단에게 이르시되 네가 어디서 왔느냐 사단이 여호와께 대답하여 가로되 땅에 두루 돌아 여기저기 다녀왔나이다 여호와께서 사단에게 이르시되 네가 내 종 욥을 유의하여 보았느냐 그와 같이 순전하고 정직하여 하나님을 경외하며 악에서 떠난 자가 세상에 없느니라 사단이 여호와께 대답하여 가로되 욥이 어찌 까닭 없이 하나님을 경외하리이까 그와 그 집과 그 모든 소유물을 산울로 두르심이 아니니이까 주께서 그 손으로 하는 바를 복되게 하사 그 소유물로 땅에 널리게 하셨음이니이다 이제 주의 손을 펴서 그의 모든 소유물을 치소서 그리하시면 정녕 대면하여 주를 욕 하리이다 여호와께서 사단에게 이르시되 내가 그의 소유물을 다 네 손에 붙이노라 오직 그의 몸에는 네 손을 대지 말지니라 사단이 곧 여호와 앞에서 물러가니라
> (욥 1:9~12)

이 말씀을 두고 볼 때 욥의 절망의 상황이 누구로부터 시작이 되어진 것이라고 볼 수 있습니까? 물론 사단의 제안이라고 볼 수 있지만 궁극적으로는 하나님께서 허락해주신 가운데서 비롯되어진 것입니다.

그런데 욥은 이런 절망의 상태를 어떻게 극복을 합니까?

물론 위대한 신앙의 힘으로 잘 극복을 합니다만 우리가 욥기를 읽어 보았을 때 참으로 힘들게 그 절망의 상황을 이겨내는 모습을 알 수가 있습니다.

왜 그렇습니까? 욥은 자기가 당한 그 절망에 대한 구체적인 배경의 상황들을 완전하게 모르고 있었기 때문입니다.

그저 이 모든 것이 하나님의 뜻에 의한 것이라는 믿음으로 그 절망을 이겨냈습니다. 만약에 욥이 이런 상황을 알고 있었다면 그가 비록 절망 중에 있었을 때 그토록 힘들어하지는 않았을 것입니다.

욥이 당한 절망의 뒤에는 하나님의 허락하심이 있었습니다.

이런 경우는 우리를 구원해주신 예수님의 경우도 마찬가지입니다.

우리 예수님께서는 인간의 몸으로 태어나서 특히 공생애 시절 3년 동안 여러 번에 걸쳐서 절망적인 순간들을 맛보았습니다.

가룟유다가 예수님을 팔아먹고 배반한 일이며 베드로가 닭 울 기전에 3번씩이나 예수님을 부인하고 배반하는 일들이며 빌라도 법정에서 재판을 받는 일이며 궁극적으로는 채찍에 맞으시고 가시관을 쓰시고 창에 허리를 찔리면서 십자가의 고통을 낭하면서 인간으로서의 최고의 절망의 상태에 빠졌습니다.

그러나 그 절망의 배후에는 무엇이 있었습니까?

바로 하나님의 놀라우신 인간 구원의 계획이 있었던 것입니다. 우리 역시 마찬가지입니다. 우리는 하나님의 은혜로 구원받은 하나님의 사랑하심을 받는 하나님의 백성이요 자녀들입니다.

이런 하나님의 자녀요 백성인 우리들이 절망의 상태에 이르렀을 때 그 배후에 어떤 배경이 있겠습니까? 바로 하나님의 놀라우신 섭리와 계획과 뜻이 우리의 절망 뒤에 있는 것입니다.

그러므로 우리 기독교인에게 있어서 절망은 절망 그 자체로, 혹은 좌절이나 포기로 끝나지 않는 것입니다

2. 기독교인들이 절망 중에서도 그 절망을 이겨내고 승리의 삶을 사는 것은 아브라함의 경우를 통해 그 이유를 알 수 있는데 우리가 비록 절망 중에 있다고 하더라고 그것이 바로 하나님과의 단절의 상태가 아니라 하나님께서 찾아오는 기회가 된다는 사실을 알고 있기 때문입니다.

우리가 흔히 믿음의 조상이라고 부르고 있는 아브라함의 경우 그는 75세 때에 하나님의 큰 축복의 말씀을 듣고 정들었던 고향 갈대아 우르를 떠나게 됩니다. 특히 후손의 문제를 두고 말하기를 내가 너로 큰 민족을 이루게 해 주겠다는 약속과 더불어서 말입니다.
그러나 이런 약속이 어떻게 지켜집니까?
25년이라는 긴 세월이 흐르고 나서야 비로소 이삭을 얻게 됩니다.
그렇다면 이 긴 25년 동안 아브라함은 어떤 삶을 살았습니까? 자식이 없는 삶이기에 믿음으로 이 세상을 살아갔지만 때로는 허탈한 가운데서 절망적인 삶을 살지 않을 수 없었을 것입니다. 그러나 그런 허탈감으로 인해 절망 상태에 있을 때 하나님께서는 아브라함을 찾아주셨습니다.
그 예를 몇 가지 들어보면

(1) 아브라함은 아들이 없었기에 갈대아 우르를 떠나서 줄곧 조카 롯을 아들같이 여기면서 살아왔습니다. 그런데 그런 롯과 어떻게 헤어집니까? 서로의 종들의 싸움 때문에 서로 헤어지게 됩니다. 인간적으로 생각할 때 큰 절망 중에 빠질 때입니다. 이때 하나님께서 말씀하십니다. 창 13:14에 "롯이 아브라함을 떠난 후에 여호와께서 아브라함에게 이르시되 너는 눈을 들어 너 있는 곳에서 동서남북을 바라보라" 그리고서는 계속해서 땅의 축복과 자손의 축복을 하십니다. 롯이 아브라함을 떠난 후에 누가 아브라함에게 접근을 합니까? 바로 하나님이 절망 중에 있는 아브라함에게 접근을 했던 것입니다.

(2) 창 15장에 보면 아브라함이 318명의 사병을 거느리고 사해동맹국 5개국을 물리치고 승리를 한 후에 또 한 번 절망감에 빠지는데 비록 승리와 번영이 자기에게 있지만은 자기에게 후손 없다는데에 대한 허탈감과 그로 인한 절망감이었습니다. 그래서 아브라함이 하나님께 어떻게 말을 합니까? "나는 무자하오니 나의 상속자는 이 다메섹 엘리에셀이니이다" 자기의 가장 신임하는 종이 자기의 상속자라고 말하고 있는 것입니다. 이때 하나님께서는 말씀합니다. "여호와의 말씀이 그에게 임하여 가라사대 하늘을 우러러 뭇별을 셀 수 있나 보라 또 그에게 이르시되 네 자손이 이와 같으니라"(창 15:4) 누구의 말씀이 아브라함에게 이릅니까? 바로 하나님의 말씀이 아브라함에게 임했던 것입니다.

(3) 창 17장에 보면 하나님께서 아브라함에게 나타나서 아브라함의

아내 이름 사래를 사라로 바꾸게 하고 아들을 주고 열국의 어머니가 되게 해주겠다는 약속을 합니다. 이런 구체적인 하나님의 약속 앞에 아브라함은 어떤 반응을 보입니까? 17절에 보면 아브라함이 엎드리어 웃으면서 내 나이가 100살이고 내 아내 나이가 90살인데 어떻게 자식을 낳겠느냐고 생각을 하면서 하나님께 무엇이라고 말합니까? "아브라함이 하나님께 고하되 이스마엘이나 하나님 앞에 살기를 원하나이다"(18절) 참으로 우리가 충분히 이해할 수 있는 인간의 절망 속에서 나온 말인 것입니다. 75살에 준다는 후손이 10년 동안 없다가 또 85살에 또 후손을 준다고 해서 긴 세월을 기다렸는데 그로부터 14년이 지난 인생 나이 황혼기 99살에 또 후손을 준다고 하니 참으로 한심하기 짝이 없었던 것입니다. 그래서 속으로는 웃었지만 그의 마음은 참으로 비통하고 절망 가운데 있었기에 첩의 아들 이스마엘이나마 만족하겠으니 그와 더불어 살게 해 달라는 것입니다. 우리에게는 그냥 읽어버리고 넘어가는 상황이 될지는 모르지만 아브라함에게 있어서는 가장 큰 시련이요 낙심이요 절망이었던 것이 바로 후손의 문제였던 것입니다. 이런 절망 중에 있는 아브라함에게 하나님께서는 무엇이라고 말씀하십니까? "네 아내 사라가 정녕 네게 아들을 낳으리니 너는 그 이름을 이삭이라 하라"고 명확하게 말씀하고 있는 것입니다. 비록 인간적으로 생각할 때는 절망 중에 있을 수밖에 없는 처지였지만 하나님께서는 절망 중에 있는 하나님의 백성의 그 고통을 잊어버리지 않고 계속해서 지켜보고 계시고 그 절망 중에 큰 희망과 소망을 주셨던 것입니다. 따라서 이런 아브라함의 모습을 볼 때 우리는 우리가 비록 절망 중에 있다 하더라도 하나님이 우리와 늘 함께 있다는 사실을 우리는 부인할 수가 없는 것입니다. 이런 말이 있습니다. "인간의 절망은 하나님의 기회가 되고, 인간의 끝은 하나님의 시작이 된다." 하나님께서는 그의 사랑하는 백성의 절망 상태를 방관하시지 않고 아주 세밀하게 자상하게 지켜보시고 결정적인 순간에 하나님의 백성에게 역사하신다는 사실을 우리는 알아야만 되는 것입니다.

3. 절망 중에도 기독교인들이 승리의 삶을 사는 이유는 절망 후에 하나님의 크신 축복이 임한다는 사실을 확실히 알고 믿고 있기 때문입니다.

성경에 나오는 인물 중에서 가장 오랫동안의 절망의 삶을 살았던 사람을 두 사람 뽑으라고 한다면 아마도 요셉과 모세일 것입니다.

요셉의 경우 아무런 죄도 없이 종살이도 하고 옥살이도 합니다. 인간적으로 볼 때는 그런 절망의 삶도 없을 것입니다. 그러나 그런 절망 후에 요셉에게 찾아온 것은 무엇입니까? 그 당시 세계를 지배하던 애굽의 총리대신이 된 것입니다.

모세의 경우도 마찬가지입니다. 궁중에서 공주의 아들로 많은 학문과 무술을 연마하여 자신만만한 모세였습니다. 그러나 그 후 애굽에서 도망해서 미디안 광야에서 40년 동안 고생하는 가운데 자기의 육신의 몸은 늙고 배운 지식은 다 잊어버리고 말은 우둔해지고 그로 인해 자신에 대해 완전한 절망을 느꼈을 때 하나님의 음성을 들을 수 있었던 것입니다.

하나님께서는 모세가 절망을 하고 손들고 항복하기를 40년 동안이나 기다렸던 것입니다. 그 이후에 이스라엘을 영도하는 영육간에 지도자가 되었던 것입니다. 요셉과 모세의 공통적인 부분이 무엇입니까? 인간적으로 세상 적으로 막다른 골목에 처하고 절망할 때 바로 하늘의 문이 열리는 기회가 되었던 것입니다.

우리 인간은 참으로 간사하고 때로는 그로 인해 하나님을 무시하고 교만해지기 쉬운 그런 존재입니다.

이런 우리 인간을 하나님께서는 어떻게 쓰십니까? 교만한 우리들을 패배와 고통과 슬픔과 그로 인한 절망의 방망이로 깨뜨리신 다음에 영원하고도 참된 축복을 주시는 것입니다.

그렇다면 왜 하나님께서는 우리들에게 이런 절망을 허락하십니까?

왜 하나님께서는 우리들에게 이런 절망을 통해 참된 은혜와 축복을 주시는 것입니까?

(1) 우리의 겉 사람을 깨뜨리고 영원한 속사람을 살리기 위해서입니다.
(2) 거짓된 소망에서 벗어나 영원히 변치 않는 하나님만 소망케하기 위함입니다.
(3) 자신을 의뢰하지 않고 하나님만 신뢰케하기 위함입니다.
(4) 늘 하나님만 바라보고 기도하기를 원하시기를 원하시기 때문입니다.

절망의 사람 욥은 절망 중에 "나의 가는 길을 오직 그가 아시나니 그가 나를 단련하신 후에는 내가 정금같이 나오리라"고 고백합니다.

절망의 사람 바울은 절망 중에 말합니다.

"사방으로 우겨쌈을 당하여도 싸이지 아니하고, 답답한 일을 당하여도 낙심하지 않고, 핍박을 받아도 버린바 되지 않고 거꾸러드림을 당하여도 망하지 않는다"고 담대하게 말했습니다. 그리고 계속해서 그는 절망 중에 있는 로마교회의 교인들에게 다음과 같이 말함으로서 절망 중에도 하나님께서 저들과 함께 하신다는 사실을 깨닫게 해 주었습니다.

"누가 우리를 그리스도의 사랑에서 끊으리요 환난이나 곤고나 핍박이나 기근이나 적신이나 위협이나 칼이랴, 그러나 이 모든 일에 우리를 사랑하시는 이로 말미암아 우리가 넉넉히 이기느니라 내가 확신하노니 사망이나 생명이나 천사들이나 권세자들이나 현재 일이나 장래 일이나 능력이나 높음이나 깊음이나 다른 아무 피조물이라도 우리를 우리 주 그리스도 예수 안에 있는 하나님의 사랑에서 끊을 수 없느니라"(롬 8:85-39)

하나님께서는 형제를 끝까지 사랑해 주십니다. 보호해 주십니다. 인도해 주십니다. 축복해 주십니다.

그러므로 혹 이 세상을 살아가면서 어려운 일로 인해 절망 중에 있더라도 그 절망을 적극적으로 받아들이고 축복의 계기로 삼으시기 바랍니다.

19. 연산작용이 와해된 사람(조증)

"자존심이 몹시 상했다."
"자존심 상해 못해 먹겠네."
"난 자존심 빼면 시체다."
"난 뭐 자존심도 없는 줄 알아"
"자존심 건들지 말아요."
"자존심이 밥 먹여 주나."
이상은 많이 듣는 말이다.
"그까짓 자존심이 뭐길래."
자존심 세우다 일을 망치고 하는 넋두리다.
동아출판사에서 나온 국어사전은 자존심을 '남에게 굽힘이 없이'제 몸이나 품위를 스스로 높이 가지는 마음'이라 한다.
몇 사람의 어록을 찾아보았다.
자존심은 어리석은 자가 가지고 다니는 물건이다(헤로도토스).
허영심은 사람을 수다스럽게 하고 자존심은 침묵케 한다(쇼펜 하우어).
상처받은 자존심에서 이식된 울분은 가장 뿌리가 깊다(G. 산 타야나).
자존심이 없는 사람처럼 비굴하고 가엾은 사람은 없다. 그러나 자존심은 오만한 자세가 아니라 자신의 인격을 존중하는 마음과 행동이다 (백낙청).

상처받은 자존심은 용서할 줄 모른다(루이 뷔제).

자기를 사랑할 줄 모르는 사람에게는 자기 생활이 없다. 자기 생활이 없으면 자존심이 없고 자존심이 없는 사람에게서는 향내가 나지 않는다(황산덕).

자존심은 악마의 정원에 피는 꽃이다(영국 속담).

말에서 떨어진 사람이 말에게 말한다. '내릴려고 하던 참이야'라고 (이탈리아).

자존심이 좋다는 말인가, 아니면 안 좋다는 말인가. 세상에서 제일 유명한 책이요 진리인 성경에서 자존심을 찾아보니 '자존심'이라는 단어가 없다. 그렇다고 자존심 자체가 없는 것은 아니다.

자존심에 큰 영향을 주는 것이 조증과 우울증이다. 그 중에 조증은 초기에는 가벼운 형태의 조증상태가 어느 정도 지속된다. 감정은 유쾌해지며, 주의주장이 많고 자기도취, 자기 확신, 자기만족, 자신감, 힘, 허세 등이 넘친다. 돈을 허랑히게 낭비한다. 너러 가지 야심적인 계획에 가득 차 있고 금방 실패하거나 포기해 버릴 일을 벌여 놓는다. 이른바 정신적 고혈압 환자다. 마치 풍선에 바람을 가득 불어넣어 곧 터질 것 같은 상태를 일컫는 의미이다.

때로는 지나치게 술에 빠지게 되는데 다른 어느 문제보다도 이 과음 때문에 입원치료가 필요한 경우가 있다.

언어에서 흔히 목소리가 커지고 말이 빠르고 많으며 최상급의 정도를 나타내는 수식을 사용하는데, 예로서 '절대로', '결코', '최고로'따위의 표현을 많이 쓰고 과장과 허풍, 강조가 흔하다. 참을성 없고 무슨 일이고 지속적인 관심이 없고 너무 분주하며, 주의가 산만하여 사고과정이 급하고 쉽게 일탈하게 된다.

장난이 심하고 떠들썩하게 유머와 농담이 많다. 타인과의 관계가 대개 피상적이고 타인의 요구나 느낌에 대해 둔감하다. 더구나 요구가 많은데 그 요구가 거절되어지거나 비판을 받으면 금방 분노나 신랄한 언사, 욕설, 노골적 적개심으로 반응한다.

감정의 기복도 갑작스럽게 나타난다. 정서와 태도가 한창 고양되는 한가운데 서 갑자기 눈물을 흘리기도 한다. 간섭이 많아 주위의 동료한테 방해가 되고 불평을 끼친다. 본인은 휴식이 필요 없다고 선언하고 실제 피로를 못 느낀다. 많은 양의 글을 쓰기도 하는데 단어나 구절에 밑줄을 긋고 괄호 안에 인용을 하기도 한다.

개인적 성질의 일을 아무하고나 붙들고 의논하고자 한다. 성에 대해 과다하게 몰두하기도 하여 오해받기도 한다. 물론 정상적인 성적 즐거움은 누리지 못한다. 평소 정숙했던 여자가 화장을 짙게 하고 난잡해지기도 한다. 이런 상태가 지속되면 조증상태에 이르게 된 것이다. 의기양양, 기고만장, 흥분상태가 되고 매사에 속도가 빨라진다.

춤추고 노래 부르고 휘파람을 불며 소란스럽고 제약이 없는 열정 상태에 이르게 된다. 부와 권력에 대한 과대망상이나 종교적 과대망상과 관련된 피해망상도 나타난다. 환각이 나타날 수 있으나 흔하지 않고 착각인 경우가 많다. 사고의 과정은 비약이 많고 연상이 빠르다는 것이 특징적이다.

　말이 힘차고 높낮이가 자주 변하며 강조하는 악센트가 두드러진다.

　사고의 비약, 실어증, 음향연상, 지리멸렬 등의 장애가 나타나 의미상 관계가 없는 얘기를 장황하게 지껄이게 된다.

　주의 깊게 관찰하면 조증환자의 연상작용은 와해되어 있다. 병원 안에서는 병실 활동에 끼어들어 간섭하고 타 환자들에게 방해를 하게 된다. 여러 가지 자질구레한 장신구, 배지, 매달 따위가 기괴한 몸치장을 하기도 한다. 벽에 온통 그림을 붙여 장식하기도 한다. 거의 잠도 안 자고, 피로해하지도 않는다.

　활동하는 동안 여기저기를 다치고 베기도 하지만 관심도 없고 심각하게 여기지도 않는다. 대개는 예의범절을 무시한다. 많은 양의 식사를 집어삼키는 수가 많지만 너무나 바빠서 식사도 안 하려고도 한다. 청소년의 경우 정신분열증이나 반사회적 인격과 구별이 어렵다 또한 알코올이나 약물남용, 자살시도, 학업문제, 철학적 사고, 강박증상, 다양한 신체증상, 싸움질, 기타 반사회적 행동 등을 보이는 수가 많다.

3부

인격장애

1. 죽음보다 무서운 미움

옛날 어느 시골집에서 쥐들이 곡식을 자꾸 훔쳐 먹었다. 화가 난 주인이 쥐를 잡으려고 눈독을 들이고 있는데, 마침 마당에 있는 팥 항아리에 팔뚝만한 쥐가 들어가는 것을 보고 화가 난 주인은 얼른 가서 항아리의 입을 막은 채 번쩍 들어다가 있는 힘을 다해 마당에 패대기를 쳤더니 죽으라는 쥐는 죽지 않고 항아리만 바싹 부서지고 팥은 온 마당에 흩어져 버리고 쥐는 다친 데도 없이 주인을 조롱이나 하듯이 뒤를 돌아보면 도망갔다. 쥐도 못 잡고 항아리는 깨지고 곡식 손해만 보았다.

이와 같이 미운 사람, 원수가 생겼을 때, 그 사람에게 분노를 터뜨리거니 폭력으로 복수할 생각하지 말고 증오심이나 폭력대신 사랑의 방법을 써야 하는 것이다.

미움은 인간이 지위, 자존심, 신체적인 안정에 위협을 느끼는 데서 오는 적의 있는 정서를 말한다. 미움은 소리를 치거나 화를 폭발하는 형태로 잘 나타난다. 일부는 공격적인 행동을 하기도 한다.

미움이 강한 사람은 타인들과 어울리기가 대단히 힘들다. 자기 마음대로 되지 않거나 심한 경쟁을 의식할 때 매우 큰 불쾌감을 느낀다. 그는 결혼생활이나 가족 간에 자주 부조화를 일으키며 교회나 그 밖의 사회적인 활동에서도 조화를 깨뜨리기가 보통이다. 그는 집단생활에서도 지도자와 성격적인 갈등을 느끼며 자신의 주장을 관철하려고 노력한다.

성경에서도 미움으로 인해 여러 문제들이 발생될 수 있음을 보여준다. 미움은 다툼을 일으키고(잠 10:12) 어두움 가운데 거하며(요일 2:9) 심지어는 살인에까지 이를 수 있다(민 35:20).

미움은 인격 존재의 독특한 속성에 속하는 것이다. 그러므로 미움은 사람과 하나님에게서 나타난다. 사람의 미움은 터무니없이 질투하는 대상에게(창 30:2), 주인의 말을 듣지 않는 나귀에게(민 22:27), 교만한 자가 의인에게(삼상 17:28), 옳은 말을 하는 이에게(삼상 20:30, 33)

행하여졌다. 그 대부분은 의로운 미움이라기보다는 감정의 격분으로 인한 순간적인 분노로부터 연유된다. 그래서 사도 바울은 인간의 분노를 육체의 소욕으로 인식한다(갈 5:20). 참다운 미움은 하나님으로부터 발견된다. 하나님의 미움은 죄 있는 백성과 기타 모든 모양의 죄악에 대한 의로우신 하나님의 정당하고 도덕적인 미움을 가리킨다.

이 미움은 하나님이 베푸신 소명을 거절하는 자(출 4:14), 여호와의 종을 비방하는 자(민 12:9), 사해 근처의 우상 숭배하는 국가(신 29:23), 바친 물건을 탈취한 자(수 7:1), 신성한 것을 만진 자(삼하 6:6-7), 이스라엘의 끊임없는 범죄에 대해 이루어졌다. 그러나 하나님의 미움은 자비와 관련된다(나 1:3). 즉 그분의 미움은 미움 자체가 목적이 아니라 죄인의 회개를 유발시켜 자비를 베푸시기를 원하시는 미움이다.

그러나 대부분 인간에게서 생기는 미움은 자기 자신이 다른 이를 사랑할 수 있는 역량 이상으로 타인을 사랑한 것 때문에 생기는 병이다. 그리고 필요 이상으로 다른 이에게 깊은 관심을 주었기 때문에 생길 수 있는 실망의 다른 표현이기도 하다. 물론 자기 자신이 설정해 놓은 기준에 다른 이들이 못 미쳤을 때 나타나는 과민적 반응이라 할 수 있겠다.

구약에 따르면 미움은 악(26:5), 나쁜 의지(시 35:19), 배교(시 101:3) 또는 정치적인 견해 차이(단 4:19) 가운데 발생할 수 있는 것으로 묘사되어 있다. 성경은 미움이 신중함과 악한 목적을 지니고 있는 성향이라고 설명하고 있다(민 35:20). 또 때로는 사사로이 생기는 반감이나 거절 행위 그 자체가 미움이라고 말하기도 한다(삿 11:7, 삼하 13:22). 이 미움은 때때로 결혼 생활에서 파국을 야기 시키기도 한다(창 29:31, 신 21:15; 22:13). 그러나 미움이라도 언제나 부정적인 의미로만 사용되는 것은 아니다.

이스라엘의 모든 도덕 개념이 그렇듯이 하나님을 위한 행위라면 그것은 의로운 것이 된다. 따라서 레위 자손이 우상 숭배를 한 자기 자식과 아비, 그리고 형제들을 모세의 명에 따라 하나님의 미움으로 도륙한 사실은 곧 의로운 행위로 당연히 이해되어지는 것이다(신 33:9). 그리고 복음 사역을 위해 방해가 되는 자신들의 가족과 심지어 자신의 생명까지도 미워하는 것은 미움의 또 다른 긍정적인 이면이라 할 수 있겠다.

그러나 미움은 죽음보다 강하다. 미움의 불길은 자신과 다른 이를 삼키기에 족하다. 미움을 극복하기 위해 마음이 마음속에서 발생하지 않도록 우리의 생각을 지켜 주시기를 주님께 기도해야 할 것이다. 그리고 미움이 우리 마음속에 자리를 차지하지 못하도록 자신의 의지로 형제를 관용과 이해로 받아들여야 할 것이다.

2. 자석에 쇠붙이가 끌려오는 사람

대학신입생이다. 대인관계가 어렵다. 신입생 오리엔테이션에 가지 않았는데 그 이유는 친구 사귀기가 두려웠던 거다. 아직까지 친한 아이가 하나 있을 뿐이고 개가 없을 때는 종일 혼자 지내야 하기 때문에 기분이 가라앉는다. 학회와 과 서클에도 가입했지만, 어느 정도의 관계 이상 진전되어 지지 않는다. 서클에도 가입했지만 2학기 들어 시들해졌다. 이렇게 아무 생각 없이 하루하루 지내다 보니, 무엇을 해도 즐겁지가 않다. 어떻게 하면 내성적인 성격을 고치고 잘 지낼 수 있을까? 소개팅도 했는데 첫 10~30분 사이에는 그런 대로 괜찮은데 집에 갈 때쯤 느끼는 건 이번에도 실패라는 생각이 든다. 상대는 나의 말 없고 썰렁한 분위기가 싫다는 것이다.

친구 사귀기가 두려워서 오리엔테이션에 가지 않았다고 하셨네요. 학교에서 친한 친구도 한명 밖에 없고, 이성교제도 잘 안되고, 그래서 더더욱 재미가 없고요. 벌써 2학기가 저물어 가는데 말이지요.

상담자가 편지글을 보고 판단하기에는 여러 가지 노력은 하시고 있는 것 같은데 성과가 없군요, 그죠? 참 안타깝군요! 내성적인 성격에 말도 없는 편이고, 조금만 실수를 해도 두고두고 생각이 나고, 서클에 가입하셨지만 2학기 들어서는 시들하고요.

사람을 사귀고 친해지는 데는 대학생으로서 할 수 있는 몇 가지 방법이 있습니다.

첫째는 서클에 드는 것이지요. 마음에 드는 서클에 몇 군데 가입해서 활동을 함께 하면서 사람을 사귈 수 있습니다.

두 번째는 과에서 하고 있는 모임에 참여해서 그곳에서 사람을 사귀는 것이 있습니다. 세미나라든가, 뭐 그런 활동을 하는 곳이 과마다 몇 군데가 있지요. 그 중에서 제일 마음에 드는 곳에서 활동을 하는 것이지요.

세 번째는 미팅이라든가 소개팅을 통해서 이성교제를 할 사람을 만나는 것입니다. 만나서 이야기를 잘 이끌어 나가는 것은 물론 기술과 경험을 필요로 하지요.

이 3가지 중에서 세 가지를 모두 해 보신 것으로 편지에서 나타났는데 그건 잘 한 일입니다. 그러나 전부다 별로 성과가 없었군요.

한번 시도해 보신 그 각각의 활동들에 대해서 좀더 노력을 해보실 필요가 있겠습니다. 우선 서클이 시들하다고 하셨는데, 그 이유가 있겠지요? 그 이유가 궁금하군요. 어떤 이유로 그렇게 되셨는지요. 과에서의 모임도 마찬가지입니다. 뒤풀이는 모두 따라 가시나요? 가셔서 사람들과 속마음을 조금씩이라도 이야기해 보셨는지요? "정말 친하게 잘 지내고 싶은데 성격상 어려움이 많다."고 말입니다. 길에서 마주치면 인사만 하고 지나치는 것이 아니라, "시간 있으면 차라도 한 잔합시다"하고 이끌어서 야구나 축구 이야기라도 한번 해 보시는지요? 그러니까 일방적으로 그 분위기에 이끌리기 보다는 내가 먼저 시도해 보는 것 말입니다.

그리고 이성교제를 위해서 소개를 여러 번 받으셨는데, 언제나 결과가 별로 좋지 않다고 하셨지요? 이 부분도 상담자가 궁금한 것이 있습니다. 도대체 만나서 어떤 대화를 하시기에 썰렁한 사람이라는 평을 들어야만 하는지? 처음 2, 30분은 괜찮다가 나중으로 갈수록 분위기가 안 좋다는 것인데요. 구체적으로 어떤 이야기를 나누시나요? 그리고 상대가 어떤 이야기를 할 때 어떤 식으로 대응하시나요? 말은, 그리고 표정은, 몸짓은요?

상담자도 사람을 만나면 어떤 사람은 참 분위기가 마음에 든다고 생각이 되는 사람이 있고, 이야기를 나누면 나눌수록 이 사람 참 간이 싱겁구나, 건조하구나하는 생각이 드는 사람도 있거든요? 귀하가 구체적으로 어떤 식으로 대화를 하시는지를 알면 상담자가 다른 대응방식을, 즉 분위기가 괜찮은 사람의 대응방식을 충고해드릴 수 있을 것 같군요.

몇 가지만 말씀드리면, 첫째로 괜찮게 느껴지는 사람은 자신의 분위기를 가지고 있습니다. 독특한 분위기가 있지요. 자신의 일이 나 자신의 주변 사람들에 대해서 확고한 의견을 가지고 있고 열의가 있습니다.

두 번째로는 대화를 나누는 상대방에 대해서 기본적인 관심과 애정을 가지고 있고 그것을 표현하시요. 사소한 이야기 거리이지만 그 사람과 이야기를 나누면, 사소한 것이 더 이상 아닌 것처럼 이야기가 이끌어지게 됩니다.

이런 것들을 다시 한 번 생각하고 새롭게 도전해 보세요. 그리고 자신감이 가득 차 상대방에게 영향력이 전해지도록 해 보고요. 마치 자석에 쇠붙이가 끌려오도록 말입니다.

3. 외로운 늑대, 은둔형 외톨이들

우리 사회에 외로운 늑대(Lone Wolf), 은둔형 외톨이들이 등장하여 사회와 공동체를 위협으로 몰고 가는 여러 환경이 있다. 특히 이슬람 근본주의자들인 IS들이 전 세계를 대상으로 테러와 전쟁을 일으키고 있다. 엄청난 경쟁사회 속에서 살아남기 위한 무한 도전에서 실패하거나 성장과정의 부모로부터 버림받고 공동체로부터 외면당한 심리가 한 인간을 은둔형 외톨이로 만든다. 의존성 장애를 지닌 사람이 반사회적 태도를 지니게 될 때 일어나는 현상으로 대표적인 인격 장애이다.

고립과 의존성 장애는 지나친 자기애, 반사회적 태도, 경계, 회피, 의존 등의 태도를 나타낸다. 자기애적 인격 장애에서는 자신의 재능, 성취도, 중요성 또는 특출성에 대한 과대적인 느낌을 갖는 것이고, 반사회적 인격 장애란 사회적응의 여러 면에 걸쳐서 지속적이고 만성적으로 반사회적 또는 범죄적 행동을 나타내는 이상성격이다.

즉 사회의 정상적 규범에 맞추지 못하는 성격을 의미하며, 경계성 인격 장애는 정서, 행동 및 대인관계의 불안정과 주체성의 혼란으로 모든 면에서 변동이 심한 이상적 성격을 지칭하고, 회피성 인격 장애는 거절과 배척에 대한 극도의 예민성이 특징이며 이 때문에 사회적으로 위축된다.

그리고 의존성 인격 장애는 자신의 욕구를 타인의 욕구에 종속시키고 자신의 삶의 중요부분에 대한 책임을 타인에게 지우며, 자신감이 결여되고 혼자 있게 되었을 때 심하게 괴로움을 느끼는 인격 장애다.

원인으로 환경적 요인을 보면 이 장애가 혼란된 가정환경 안에서 빈번하게 발생된다는 것을 잘 알 수 있다. 유아기 시절 심한 박탈 경험을 한 경우, 특히 출생 후 1년 동안의 부모 상실은 중요한 요인으로 생각되고 있다. 루터(Rutter)에 의하면, 중대한 환경적 요인은 부모의 상실 그 자체보다도 중요한 사람과의 일관성 있는 감정적 유대관계의 결핍에 있다는 것이다. 다시 말하면 부모의 상실보다도 변덕스럽고 충동적인 부모가 더욱 문제된다는 것이다.

이 장애의 양상은 매우 다양하게 나타난다.

자기애의 경우, 환자는 자기가 중요하다고 믿는다. 그리하여 특별대우를 기대한다. 자존심이 불안정하며 남들이 자기를 얼마나 좋게 보고 있는지에 항상 집착되어 있고 타인으로부터 계속적인 관심과 칭찬을 요구한다. 사소한 일에도 쉽게 분노와 패배감, 열등감, 모욕감을 느끼고 우울한 정서에 빠져든다.

이들은 주로 연극, 예술, 운동 혹은 학문적 탁월성에 집착되어 있는 직업인에서 흔히 볼 수 있다. 재능에 집착하는 것만큼 스스로 열등감, 천박감 또는 무가치 감으로 고통을 받고 있다. 자기능력에 대해서 비현실적으로 평가하여 지나친 재물, 권력, 아름다움 또는 이상적 사랑을 원하기도 한다.

때로는 이러한 목표가 달성되지 않았다고 실망하기도 한다. 이들은 존경과 관심의 대상이 되고자 끊임없이 애를 쓰며 내부의 충실보다는 표면에 나타나는 모습을 더 중요시한다. 친구를 가까이 사귀는 데는 인색하지만 멋진 사람들 틈에 어울리기는 좋아한다. 보답할 책임감도 없이 특별대우를 기대하기도 한다.

지나친 고립과 의존을 나타내는 환자와의 상담은 매우 어렵다.
그러나 이제까지 통계를 보면 정신 분석적 상담이 가장 합당한 것으로 보고되고 있다.
일반적으로 수정된 정신 분석적 상담접근 또는 지지적인 현실 지향적 상담접근 방식이 좋다. 이로써 현실적 상담 관계의 테두리 안에서 점차적으로 증상을 완화해 나갈 수 있도록 도와준다. 상담자는 환자에게 설명보다는 오히려 경험을 제공해 줌으로써 환자를 도와야 한다.
상담자는 환자의 퇴행을 극소화시켜 주기 위해서 상담방식에 관계없이 갈등 해소와 사회적 학습이라는 요소를 항상 염두에 두어야 한다. 적개심, 분노, 일시적 정신병적 상태에 대해서 항정신병 약물을 사용한다. 우울증도 흔하기 때문에 항우울제도 도움이 된다. 불안과 우울을 위해 항불안제(특히 alpazolam)가 도움이 된다.
항경련제(예: carbamazepine)도 광범위하게 도움이 된다고 한다.
상담치료를 하고자 할 때에는 치료 과정에서 조기 탈락을 방지하기 위하여 상담자와 환자와의 유대관계를 형성하는 것이 우선적으로 필요하다. 집단상담 과정을 통하여 자기주장 훈련을 시키는 것도 도움이 된다. 거절에 대한 환자의 지나친 민감성이 다른 사람들에게 어떻게 나쁘게 영향을 끼치는지 깨닫게 하는 것도 도움이 된다.

잃어버린 유아기적 친밀감을 회복하게 하고 자신에 대하여 과도하고 민감한 공격받음에 대한 불안을 해소시키게 해야 한다. 나아가 끊겨진 사회와의 새로운 관계형성이 이뤄져야 한다. 상상을 초월하는 적개심과 분노가 그 안에 가득 차 있다. 이것이 정신병적으로 표현되어지면 항상 세상을 놀라게 한다. 이 경쟁사회에서 이런 사람들이 계속 증가하고 있고 잊을 만하면 일어나는 끔찍한 사건들도 이 때문이다.

4. 십대를 집단 히스테리로 몰고간 사람

히스테리성 인격 장애자들은 흥분을 잘하고 감정적인 사람들로서, 다양하고 극적이며 외향적이며 자기 주장적, 자기 과시적이며 허영심이 많다. 다른 사람들의 관심과 주의를 끌기 위해 과장된 표현을 하지만 실제로는 의존적이며 무능하며 지속적으로 깊은 인간관계를 갖지 못한다.

여자에게 많이 발병하는 것으로 알려져 있으며 알콜리즘과 신체화 장애와 관련이 높은 것으로 보고되고 있다.

몇 해 전, '서태지와 아이들'의 전격적인 해체 선언은 10대 청소년 팬들뿐만 아니라 기성세대에게도 충격을 안겨주었다. 일련의 사회적 히스테리 현상이 일어났다. 특히 '서태지와 아이들'을 잃은 10대 청소년들의 집단 히스테리에 가까운 반응을 바라보며 그들의 부모들은 "도대체 '서태지와 아이들'이 무엇이기에" 하는 당혹감을 느끼고 있는 것이다.

사회문제화된 서태지 현상을 이해하기 위해서는 무엇보다 먼저 그들의 음악세계를 들여다보아야 할 것 같다.

'서태지와 아이들'은 4집까지 앨범을 내는 동안 남다른 음악성으로 매번 새로운 음악적 시도를 해왔다. 마치 비틀즈의 탄생과도 닮은꼴이었다.

92년 발표한 1집의 '난 알아요!'와 이듬해 내놓은 2집의 '하여가'는 랩 가사에 록을 연주곡으로 사용, 당시 대중음악계에 신선한 충격을 가져다주었다. 특히 2집 앨범부터는 장르구분을 어렵게 할 정도로 독창적인 음악적 시도가 두드러지기 시작했다.

전통악기인 날라리(태평소)를 사용하는가 하면 리듬 앤 블루스, 재즈 등을 뒤섞어 댄스그룹이 군웅할거 하던 국내 대중음악계 판도를 뒤바꾸며 장르가 허용하는 최고수준까지 자신의 음악영역을 넓혀갔다.

3집 앨범부터 서태지는 통일, 교육문제 등 사회현실에 대한 발언권을 높여가기 시작한다. 노래와 춤을 단순히 반복하던 과거 댄스그룹들의 차원을 벗어나 기성세대가 보기에는 거칠고 과격해 보일 수도 있는 가사와 리듬을 바탕으로 한 사회성 짙은 메시지를 춤으로 표현했다.

힙합으로 분류되는 3집의 '발해를 꿈꾸며', '교실 이데아'는 가요계는 물론 사회적으로도 큰 파문을 일으켰다.

정신적 출구를 찾지 못하고 있던 청소년들의 내면적 갈등을 과감하게 가사 속에 수용하려는 서태지의 음악적 편력은 4집 앨범에도 이어진다. 청소년 가출, 염세적 배금주의가 주조를 이루는 4집 '컴백홈'은 가출했던 청소년들을 집으로 불러들이는 사회적 반향까지 낳아 '서태지와 아이들'은 바야흐로 청소년 문화와 고민해결의 대변자로까지 떠오르게 된다. 그야말로 서태지의 노래는 청소년들을 역동적으로 움직이는 에너지가 되었다. 마치 독일의 나치가 독일 사람들을 전쟁의 도가니로 몰고 간 사회적 현상처럼 보였다.

'서태지와 ······.'가 열광적인 인기를 유지해온 배경에는 또한 흥행사적 기질을 바탕으로 한 철저한 이미지 및 자기관리 노력도 빼놓을 수 없다. 인기유지를 위한 전략이라는 일부의 시각도 있으나 그들은 2-3개월 활동하다 8-9개월 정도의 휴지기를 가진 뒤 새 앨범을 내놓음으로써 팬들의 궁금증을 유발하는 방식을 고집해왔다.

또 인기인에게 흔히 따를 수 있는 악성루머기 존재할 틈도 주지 않았다. '서태지를 알면 문화가 보인다.'는 말에서 보듯 '서태지와 ······.'는 청소년과 기성세대간 대화 단절의 시대에 등장한 하나의 '현상'이라고 할 수 있다. 기성세대는 90년대 대중문화가 '서태지와 ······.'라는 스펙트럼을 통해 반영되고 있다는 사실을 인정해야 했으며 10대를 이해하려는 노력에도 새삼 관심을 기울이게 됐다.

이 같은 '서태지 신드롬'에 대해 문화평론가 정윤수 씨는 " '서태지와 ······.'는 원했든 원치 않았건 간에 특유의 음악성과 사회현실 접근방식이 청소년층에 크게 어필함으로써 이 시대 독특한 문화적 화두가 된 것이 사실이라면서 음악에 있어서도 다양한 가능성과 가치가 인정 돼야만 이번과 같은 사회적 파장이 줄어들 것"이라고 말했다.

그런데 요즘 청소년들에게는 이같이 역동적으로 그들을 움직이는 에너지가 없다고 한다. 아니 집단적 히스테리에 빠지고 싶은 욕망이 간절하다는 의미로도 해석이 된다.

그 증상은 여러 가지이다. 주의를 끌기 위한 행동이 심하다. 사고와 느낌을 과장한다. 그러나 감정표현은 바라던 목표를 성취하기 위한 도구로 사용할 뿐만 아니라 원치 않는 현실적 책임이나 불쾌한 내적 정서를 피하려는 수단으로 이용하기 때문에 감정 자체가 피상적이다.

그래서 매력적이고 사귀기 쉽지만 대인관계에서 깊고 가까운 관계를 오래 지속하지는 못한다. 이들은 가벼운 자극에도 지나치게 반응하고 변덕스럽다. 불만스러운 일이 있으면 울음, 비난, 자살소동으로 상대방에 죄책감을 일으켜 조종하려 하기도 한다. 대인관계에서도 자기 요구만을 들어주기 원하는 이기적인 사람이다.

성인으로서 성적으로 매력이 있어 보이고 애교가 있고 옷차림이나 겉모양으로는 유혹적이고 자극적이며 성적분위기를 다분히 풍기지만 실제로는 회피적이며 불감증인 경우가 많다. 이성 관계에서도 낭만적인 환상에 잠시 빠져 들었다가도 곧 싫증을 내고 중단해 버리는 경우가 많다.

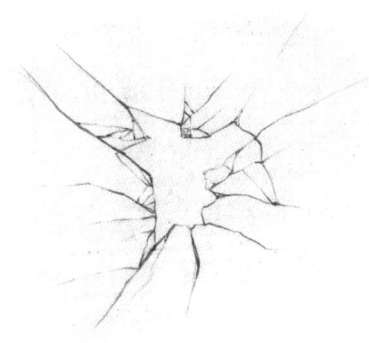

5. 정신분열의 시대

분열성 인격 장애(分裂性 人格障碍)의 기본 양상은 일생 동안 사회로부터 분리·소외되어 있으며 다른 사람들과의 교제가 어렵고 지나치게 내향적이며 온순하고 빈약한 정서가 특징이다. 이들은 다른 사람들이 볼 때 괴벽스럽고 외톨이처럼 보인다. 정서적으로 냉담하고 무관심하며 타인에 대해 따뜻함이나 부드러움이 없으며, 타인의 느낌, 칭찬 또는 비평에 무관심하다.

가족을 포함해서 친밀한 관계에 있는 사람은 단지 한두 사람뿐이다. 사고와 대화가 장애되어 있다. 언어표현이 괴이하고 지엽적이고 막연하고 지나치게 정교하고 우회적이다. 가까운 친구가 없고 사회적으로 고립되어 있다. 그러나 노골적인 정신병적 에피소드를 나타낸 적은 결코 없다.

임상적 양상은 분열성 인격 장애와 정신분열증 사이의 경계 영역에 해당되며, 과거에 경계성, 단순형, 또는 잠복형 정신분열증으로 분류되던 증상들이 여기에 해당된다. 이들은 흔히 미신이나 유사종교에 사로잡혀 있는 경우가 있고, 혹은 자신이 특수한 사고나 통찰력을 가진 초능력자라고 믿는 경우도 있다.

문화권에 따라서는 이들이 점성가 또는 사교집단의 광신자로서 역할을 하기도 한다.

우리 시대는 정신과 영이 분열되면 그 어떤 것도 감당하기 힘들고 성취하기도 불가능하다. 무엇을 하든 정신의 집중이 이루어져야 한다. 믿음이 좋다는 것은 요셉같이 그 꿈이 이뤄지리라는 집중심이라고 할 수 있다.

맹수 조련사들이 사자나 호랑이를 길들일 때 왜 네 개의 발이 달린 의자를 사용하는가. 의자를 사자의 얼굴 앞에 들이대면 사자는 네 다리에 신경을 분산시킨다. 신경을 분산시키면 맹수는 일종의 마취현상을 보이며 무력해진다. 사람도 마찬가지다. 여러 곳에 신경을 쓰다보면 한 가지 일도 제대로 할 수 없다.

정치인은 정치권에서, 경제인은 경제계에서 전문가가 돼야 한다. 곁눈질하는 사람은 결코 전문가가 될 수 없다. 곡예단의 맹수처럼 처량한 신세로 전락하고 만다. 운전자가 한 눈팔고 큰 사고를 당하는 것처럼 오늘날 모든 것이 잠시 한 순간 집중을 놓쳐버리면 큰 어려움을 겪는다.

정신분열증의 주된 장애가 현실(reality)에서 철수(withdraw)하는 증상이기 때문에 상담사는 환자로 하여금 현실에서 회피하는 근본적인 이유를 이해하도록 하며, 이 원인 극복을 시도하도록 하는 것이 상담자의 주된 역할이다. 가장 중요한 치료 초기 단계는 환자의 완전한 신뢰감(trust)을 얻는 것이다.

흔히 정신분열증 환자는 다른 사람을 신뢰할 능력이 없고, 또 다른 사람에게 의지할 능력도 없기 때문에 이것은 상당히 어려운 일이다.

정신분열증 환자는 사람들 가운데서도 고립된 것을 느낀다. 결과적으로 그는 고독감과 두려움을 가지고 자기 자신 속으로 위축(withdraw)되어 버린다. 이 환자는 인간관계의 측면에서는 타인에게 의존할 수가 없다. 그러나 상담자가 사랑(loving)을 가지고 수용(accepting)적인 태도로 대하면 환자는 대개 반응을 보이기 시작한다.

환자가 상담자를 믿으며 신뢰할 수 있게 될 때 다른 사람들에게도 좀 더 정상적으로 원만하게 반응할 줄 알게 된다.

그의 이상 행동의 원인을 검토해 보는 것 역시 중요하다. 분열증 환자는 이 세상이 적의에 찬 곳으로 살기에 불쾌한 장소라고 생각하고 환상(fantasy)세계에 빠져 들어가기 때문에 그를 현실로부터 도피하게 한 원인들을 이해시키는 것이 필요하다.

정신분열증 환자의 치료에 있어서 또 한 가지 중요한 것은 신앙 가운데서 찾을 수 있는 안정감을 깊이 이해시키는 일이다. 그는 이 세상에서의 일시적인 위기를 주 안에서의 궁극적인 안정감을 통해서 극복할 수 있게 될 때, 사회로부터의 위축 행동을 재평가할 수 있게 된다.

하나님의 절대적인 사랑이 그의 사고과정 속에 파고들어 환자는 그 자신과 타인에 대한 새로운 이미지(image)를 발전시킬 수 있게 되고, 결과적으로 그는 일상생활에 대해 더욱더 만족스러운 관계를 유지할 수 있게 된다.

6. 영화 "닉슨" 백악관시절 권력암투 · 내부 해부

편집성 인격장애 환자의 상담에는 언제나 정중하고 솔직하며 존중하는 자세를 갖고 환자를 대하여야 한다. 환자의 심층에 놓여 있는 의존성이나 성적 관심 또는 친밀감의 욕구를 깊이 분석해 들어가는 것은 환자의 불신감을 조장할 수 있다. 환자가 망상적 비난을 할 때에는 이를 현실적으로 다루어야 하지만 부드럽게 그리고 자존심을 손상시키지 않는 범위 내에서 대하여야 한다.

상담자는 환자에게 무기력하다는 인상을 주어서도 안 되며 그렇다고 너무 위압적이거나 위협적인 태도를 취해서도 안 된다. 걱정, 불안이 심할 때 의학적인 치료를 동시에 진행하는 것이 좋다.

무엇보다도 편집성 인격장애 환자는 '하나님의 형상'의 왜곡이라는 근원적 원인을 직시해야 한다. 편집적 양상의 기저에 자리 잡은 죄로 인한 상처의 치유는 상담자의 우선적인 배려의 대상이어야 한다.

심야의 썰렁한 백악관. 집무실 한편에 덫에 걸린 짐승처럼 한 남자가 웅크리고 앉아 있다. 스카치 위스키 병이 옆에 보인다. 수면부족인 듯 초췌한 얼굴을 한 그는 단숨에 술 한 잔을 들이킨다. 그리곤 상기된 표정으로 분노의 목소리를 토해낸다.

"우리 측 입장은 전혀 전달이 안됐어. 사람들이 다 잊어버렸단 말이야. 망할 놈의 대통령 … 욕만 하는 거야. 최루탄 발사, 폭동, 징집영장 소각, 흑표범단(극좌 흑인단체), 우린 이런 것들을 해결했지만 그 때문에 국민들은 나를 미워해. 표리부동한 못된 놈들이야. 국가기밀을 빼돌린 매국노 엘스버그는 영웅시하면서 나는 닉슨이라는 이유만으로 못 잡아 먹어 안달이야. 처음부터 닉슨을 미워했었지"

국내 개봉된 올리버 스톤 감독의 신작 '닉슨'은 이렇듯, 가난한 식료품 상의 아들로 태어나 권력의 정점에 오른 닉슨 대통령의 편집증적 열등 감을 그리는 데서 시작한다.

미국 대통령이 스크린의 심판대에 세워지기는 'JFK'(감독, 올리버 스톤)에 이어 두 번째. 그러나 'JFK'에서 '케네디 가의 여인' 문제를 건드리지 않는 등 대통령의 사생활에 대해 '우호적'제스처를 취했던 스톤 감독은 '닉슨'에서는 특유의 상상력을 동원해 강력한 비판의 자세를 보이고 있어 눈길을 끈다.

이 영화에서 미국 대통령의 영광과 권위는 찾아보기 힘들다. 대신 정치꾼들의 협잡과 밀실음모, 이전투구만이 난무한다. 나아가 닉슨 개인은 오만과 편견, 뿌리 깊은 불안감에 시달리는 이상성격의 소유자로 그려진다.

특히 불우했던 어린 시절의 경험이 닉슨의 인생행로를 1백% 좌우한 것으로 규정한다던가, 마치 보수 세력과 검은 거래가 있었던 것처럼 암시하는 장면, 감정을 절제하지 못해 탁자를 부수는 등 '성격파탄자'로까지 묘사한 대목 등은 적잖은 논란거리가 될 만하다.

'닉슨'은 미국 최대의 정치스캔들인 '워터게이트 사건'은 물론, 60년 대 초 '카스트로 암살계획설' 등 아직도 진상이 밝혀지지 않은 역사적 사건들에 대한 집요한 분석을 시도한다. 감독은 영화 'JFK'에서 이미 선보인 '음모이론'을 이 지점에서 다시 한 번 검증한다.

하지만 '닉슨'은 단순한 폭로성 르포영화나 사실을 그대로 담아놓은 건조한 다큐멘터리에 머물지 않는다. 그것은 무엇보다 닉슨 역을 맡은 앤서니 홉킨스의 유연한 연기력이 화면을 압도하기 때문이다. 닉슨의 정신적인 혼돈과 스타카토로 내뿜는 내면의 분노, 억압된 정서, 그리고 저급한 정치세일즈맨의 기질을 홉킨스는 하나도 놓치지 않고 알뜰하게 연기해냈다.

닉슨의 구부정한 어깨와 언청이 비슷한 입모양도 홉킨스 자신의 것으로 훌륭히 소화했다. 패배자 닉슨이 옛 정적이었던 케네디의 초상화 앞에서 흐느끼는 장면이 압권. "사람들이 당신을 쳐다볼 때는 그들이 되고 싶어 하는 모습을 보지만 나를 보면서는 그들 자신의 모습을 본다" 영원한 콤플렉스의 대상인 케네디와의 질신 인연을 조용히 갈무리하는 닉슨의 뒷모습이 인간적 연민을 느끼게 한다.

3시간 15분에 걸친 상영시간이 가벼운 오락영화에 길들여진 관객들에겐 좀 부담이 되겠지만 미국 현대사의 한 단면을 영상을 통해 접할 수 있는 드문 작품이다.

어린 시절의 원인이 현실의 편집증적인 장애로 나타나는 경우는 상담

현장에서 흔히 경험하는 내용들이다. 비정상적으로 애착을 지니고 그 무엇에 붙들려 있으면서도 자신이 그것에 노예로 묶여있다는 생각보다는 열심을 내고 있다는 그릇된 판단도 한다. 그리고 자신이 애착 갖고 있던 것이 자신을 떠나려하면 미친 사람처럼 행동하는 것을 볼 수 있다. 그 무엇에 메이고 묶인 것 보다는 자유함을 누리는 것이 행복이다. 물질이든 사랑이든 권력이든 간에 심지어 자식이든 연인이든 간에 말이다.

7. 인격장애자들이 늘어만 가는 사회

인면수심이란 말이 있다. 얼굴은 사람인데 그 마음은 짐승과 같다는 뜻일 것이다. 이것을 이상심리학에서는 인격장애라 한다. 이 장애의 무서움은 그 얼굴이나 외형에 전혀 그 그림자가 없기 때문이다. 단지 장기간 함께 해 본 사람은 그 말과 행동이 다르고 생긴 것과 전혀 다른 것을 알게 된다. 오죽하면 정신장애자와는 살아도 인격장애자와는 살 수 없다고 할까? 심지어 성직자 중에도 이러한 범주에 해당하는 사람이 있고 사회에서 존경받는 사람들이 여기에 해당하는 사람들이 점점 늘어나고 있다.

인격장애(人格障碍)란 한 개인이 지닌 지속적이고 일정한 행동양상 때문에 현실에 적응하는 데 있어서 자신에게나 사회적으로 주요한 기능장애를 초래하는 되는 이상성격의 양상이라 정의할 수 있다. 그들의 인격장에는 깊이 체질화되어 있고, 확고하여 융통성이 없고, 자신과 환경에 대해 지각하거나 관계 맺음에 있어 비적응적 양상을 보인다.

타인에 대한 배려나 이해심이 없어 대체로 관계되는 사람을 화나게 만들고 결국 관계악화라는 악순환을 되풀이한다. 일과 사랑하는 일에 능력이 부족하다.

신경증과 다른 점은 신경증 환자들의 증상은 환경에 대해 자신을 변화시키는 자기수식적(自己修飾的)반응의 결과이고 증상을 자아가 용납하지 않는 자아-이질적(自我-異質的)인 특징이 있어 환자들이 정신과적 도움을 스스로 받고자 하는 경우가 흔하다. 이와 달리, 인격장애자들은 그들의 증상이 사회에 미치는 영향을 인식하지 못할 뿐 아니라 그들의 증상이 자신에 맞추어 환경을 바꾸고자 하는 환경수식적(環境修飾的)이고 증상이 자신이 용납하는 자아동조적(自我同調的)인 특징이 있어 스스로 정신과적 치료를 받고자 하지도 않는다는 점이다.

상담자가 그들의 성격 방어를 지적하려 하면, 불안해하며 피하려 한다.

원인으로는 다음과 같은 요인에서 발생된다.

(1) 생물학적 요인들

유전적 요인이 많이 연구되고 있으며 특히 쌍둥이 연구가 주목된다. A집단(편집성, 분열성, 분열형), 특히 분열형 인격장애 환자의 가족에 정신분열증이 많다. B집단(히스테리성, 자기애적, 반사회적, 경계형)의 가족 중에는 반사회적 인격장애와 알코올리즘이 많고, 특히 경계형 인격장애의 가족에 정서장애가 많다.

또한 히스테리성 인격장애는 신체화장애(Briquet증후군)와 관련이 높다. C집단(강박성, 수동 공격성, 의존성, 회피성)중, 강박 성향은 일란성 쌍둥이 간의 일치율이 이란성 때보다 높고 특히 우울과 관련이 있다. 회피성 인격장애는 불안 성향이 높다.

어릴 때부터의 기질도 성인의 인격장애와 관련이 있는데, 예를 들어 어려서 공포심이 많았던 사람은 회피성 인격을 가질 수 있고, 나중 반사회적 및 경계성 인격장애가 되기 쉽다.

(2) 심리학적 요인들

프로이드는 인격 성향을, 충동과 환경 사이의 상호작용의 결과로 그리고 정신 사회적 발달단계 중 어느 한 단계의 고착된 결과로 보았다. 그리하여 그는 구강적 성격(수동적, 의존적, 과도히 먹는, 물질 남용 성향), 학문적 성격(세심, 인색, 정확성, 완고성), 강박성 성격(완고, 강한 초자아), 자기애적 성격(공격적, 자기 위주)을 구분하여 기술하였다.

따라서 인격장애 환자들을 돕기 위해서는 방어기제에 대한 지식이 필요하다. 즉 겉으로 드러난 인격 양상의 배후에 있는 진실한 성향과 그것을 방어하고 있는 기제를 분석할 수 있어야 한다. 예를 들어 편집성 인격장애 환자가 독립성을 우기고 있으나, 환자의 내적 진실한 모습은 의존성이지만 투사로서 이를 감추고 있는 것이다.

분열성 인격장애에서는 공상이 주로 사용되고, 히스테리성 인격장애에서는 해리와 부정이 주로 사용되며, 강박성 인격 장애는 고립이 주로 사용된다. 투사, 건강 염려, 분리, 행동화 등도 흔히 사용되는 방어기제들이다.

(3) 사회문화적 요인

인격장애는 불우한 가족관계에서 많이 나타나는 경향이 있다. 어린이의 기질과 부모의 육아 방식이 조화되지 않으면 문제가 생기기 쉽다.

공격성이 장려되는 문화에서는 편집성 및 반사회적 인격장애가 나타나기 쉽다. 물리적 환경도 문제가 될 수 있는데 밀폐된 환경, 과밀한 환경은 소아를 공격적이며 부산스럽게 만들기 쉽다.

그렇다면 그들을 상담하고 치유할 수 있는 방법은 존재하지 않는 것일까? 그렇지는 않다. 단지 인격장애자들을 상담하기란 어려운 일이다. 그들의 생활 속에서 대처하고 있는 병적인 방법들은 이미 깊숙이 자리 잡고 있다. 그들은 마치 문제점들이 자기 이외의 주위 세상에 있는 것처럼 행동한다. 그들은 상담 과정에서 상담자에게 요구 사항이 많으며 그들의 요구가 충족되지 못할 때는 상담자를 비난하거나 상담자에게 분노를 나타낼 뿐만 아니라 상담자가 그들의 행동들을 문제시하는 것을 달갑게 생각지 않는다.

또한 그들은 생활 속에 자리 잡고 있는 병적인 인간관계와 같은 방식으로 상담자와도 관계를 형성하려고 한다. 한편 상담자는 약 올리는 환자들에 대해 화가 나서 무의식적으로 또는 교묘한 방법으로 적대감을 나타내는 수도 있다. 그러므로 상담자는 인격장애 환자들을 향하여 일어날 수 있는 적대감정을 인식하여 환자들이 충동을 행동화하는 것을 방지하여야 한다.

기본 원칙은 다음과 같다.
(1) 환자의 행동에 대한 설명보다는 행동 자체에 초점을 두어야 한다.
(2) 끈질기게 되풀이되는 불평은 듣지 말아야 한다. 환자가 그들이 살고 있는 주위 세상이 불공평하다고 이야기할 때에는 주위의 사건들에 대처하는 그들 자신의 역할에 초점을 두고 지시해 준다.
(3) 상담자는 환자에게 또는 환자를 위하여서라기보다는 환자와 함께 무엇인가를 수행하고 있다는 자세로서, 상담자와 환자의 관계를 협력자로서 유지한다.

(4) 상담자는 자신이 구원자라는 환상에서 벗어나야 한다.

(5) 상담자나 환자의 안전 또는 상담의 결과를 위협하는 어떠한 행위도 처음부터 제한하여야 한다. 이는 특히 환자가 자신의 의사와는 달리 강제 입원되었을 때나, 환자가 상담자를 자신들의 구원자나 친구로 생각하려고 할 때는 더욱 유의하여야 한다.

(6) 상담자는 환자에게 꾸짖거나 벌주는 방법을 사용하지 말아야 한다. 그들의 행동의 결과에 대해 보호하는 방법보다는 자신의 행동에 대한 책임을 지도록 한다.

(7) 상담자는 자신을 지탱하여야 한다. 예를 들면 동료들에게 불안을 토로하거나 상급자의 조언을 받거나 하여 인격장애자의 상담 과정에서 올 수 있는 어려운 사건을 무사히 넘기기 위하여 모든 유용한 방법을 사용해야 한다.

8. 열등감에 사로잡힌 부인의 상담

어른이 되어서도 자기 부모가 보여준 가혹한 비평이며 경멸 혹은 얕잡아 보는 태도를 자기 자신에게 계속해서 적용하는 사람이 있습니다. 상처받은 마음에 버럭버럭 화내기를 잘 하는 P 부인이 바로 그러한 여자였습니다. 그녀는 툭하면 "선생님은 제가 밉지요.", "선생님은 제가 죽었으면 하고 바라시는 거죠?", "선생님도 제가 참으로 못생겼다고 생각하면서 앉아 계시는 거죠? 제게 거짓말하실 필요는 없다고요." 라고 말하곤 했습니다.

그녀는 두 자녀를 둔 가정주부입니다. 그녀의 친구들은 그녀가 사려분별이 있긴 하지만 보통 사람들보다 말수가 적다는 점을 알고 있습니다. 남들 보기에는 문제가 없어 보이는 이 부인의 지나친 자학 혹은 열등감을 이해하려면 그녀의 지난날의 생활을 살펴보아야 합니다.

그녀의 아버지는 어려서부터 응분의 대접을 받지 못한 사람이었습니다. 그는 몹시 가난한 가정에서 여러 형제자매들 속에 묻혀 성장하였습니다. 그는 뛰어놀아야 마땅할 나이에 일터로 나섰으며, 그때부터 열심히 일만 하였습니다. 그는 거의 사랑을 주고받지 못하는 가운데 성장하였으며, 가족 중에서 어느 누구와도 가깝게 지내기가 어렵다는 것을 깨닫게 되었습니다.

그래서 그는 오직 자기 일에만 매달릴 수밖에 없었습니다. 그는 아내의 잔소리를 한 마디의 대꾸도 없이 고스란히 받아들였으며, 일하는 데 만 전념하였습니다. 그런 결과로 해서 그의 자녀들은 그를 무시하게 되었습니다.

그녀의 어머니는 감정이 북받치면 버럭버럭 화를 내는 식으로 횡포를 부리는 여인이었습니다. 그녀는 그녀에게는 외할머니가 되는 자기 어머니와 입씨름을 벌이고, 어머니에게 강요하고 어머니를 마구 혹사하면서 성장하였습니다. 그녀는 결혼을 하고서도 자기 남편과 계속해서 다투었으며, 대부분의 경우 치미는 분노를 내담자인 P부인에게 쏟아 놓았습니다.

그녀는 P에게 이렇게 말하고는 했었습니다. "너는 꼴사납고 못생긴 아이야. 네가 예뻐지거나 눈여겨볼 만한 데를 갖출 수 있겠니. 미련하고 못생긴 아이 같으니라고. 반반한 자식 하나 낳지 못하는 내 팔자도 불쌍하지!" 자나 깨나 늘어놓는 힘담이 이런 식이었습니다.

그녀는 P에게 화라도 치밀면 이렇게 소리 지르곤 했었습니다. "미련하고 뚱보 같은 새끼 돼지야! 내 앞에서 썩 없어져 버려." 언젠가 그녀를 해변에 데리고 갔을 때 그녀는 이렇게 말했습니다. "봐라, 저기 넓은 바다가 있지 않니, 곧장 걸어서 바닷속으로 들어가 버려, 그러면 다시는 너를 보지 않아도 될 테니까!"

어린이는 청소년으로 성장하면서 점차적으로 자기 자신에 대해서 부모 노릇을 하게 됩니다. 그래서 그는 자기 부모가 취했던 태도로써 자신을 대하며, 그리하여 심지어는 자기 자신에게 가혹해지고 고통을 주며, 계속해서 자기를 깎아내리고 해를 입힙니다.

상담자는 그녀의 성장과정이 그녀의 내부에서 어떻게 작용하고 있으며 또한 그녀의 현재의 생활에 어떤 영향을 끼치고 있는가를 써보라고 그녀에게 권장해 보았습니다. 다음의 내용은 그녀가 쓴 것입니다.

"나의 유별난 과거의 어린 시절은 다음과 같은 열다섯 가지 점에서 나를 눈물짓게 만듭니다. 그런데도 내가 어린 시절에 대해 쓰려는 이유는 내가 말한 것들과 그리고 이제까지 말해 온 방식들을 부끄럽게 여기기 때문이며, 나아가서 그러한 언어습관이 무가치함을 생각하기 때문입니다. 한편으로 이러한 회상을 발전의 기회로 삼음으로써 나 자신을 보호하고자 하는 뜻도 있습니다. 어떻게 해서 내가 이렇게까지 되었단 말인가?"

"나의 모든 생각과 행동을 무력하게 만드는 비평은 나 자신 안에 있습니다. 나는 여기 앉아서 내가 하는 모든 말 마디를 판단하되, 그것들이 나쁘다고 판단하고 있습니다. 나의 행실에 대한 이러한 반응은, 그것이 글을 쓰는 일에 대한 반응이 되었든, 아니면 요리를 하거나 차를 운전하거나 길을 걷는 것에 대한 반응이 되었든, 언제나 내 안에 있는 것입니다."

"나는 행동으로써 드러나는 과거의 어린 시절에 대해 묘사할 수 있다고 믿습니다. 오늘은 일요일인데, 나는 나의 어린 시절의 일요일을 거의 완벽하게 기억하고 있습니다. 나는 일요일인데도 어디에서든 휴식을 취할 수가 없었습니다. 내가 어떻게 해볼 수 없는 무서운 세상에서 나는 완전히 외톨박이였으며, 또는 그렇다고 느껴졌습니다. 모두가 화를 냈으며, 나는 칭찬받을 행동은 하지 못하는 나쁜 아이였습니다. 나는 오늘도 여덟 번이나 체온을 재 보았습니다 크나큰 불안감으로 해서 체온계의 빨간 선을 주시하다가 체온계가 정상을 가리키면 잠시나마 안도감을 느끼고 이내 다시 눈금을 주시하고 하는 행동의 연속이었습니다. 내 몸무게가 46kg이고 키가 160cm인데도 나는 지금도 뚱뚱하다고 생각합니다. 나는 꼭 맞는 옷을 입으려 애를 써왔으며, 여느 때나 마찬가지로 옷이 잘 맞아도 뚱뚱보처럼 보이지 않나 하는 불안감을 떨쳐버릴 수 없었습니다."

"나는 저녁 식사 모임에 나갔으나, 그때마다 내 손은 떨리고 가슴조차 두근거렸습니다. 그럴 수밖에 없는 게, 내 심중에는 그 식사가 지겨운데다. 거기 모인 이들에게 내가 얼마나 부자연스럽게 보일까 하는 생각에서였습니다. 그리고 가장 못 견디는 것은 그들에게 내가 얼마나 추하고 호감을 사지 못하는 여자로 보일까 하는 생각이었습니다. 나로서는 나의 외모에 대해서 실제로 어떻게 말할 방법이 없었습니다. 내 눈에는 세상의 모든 여성이 아름답고 다만 나 혼자만 꼴사납게 보였습니다. 나는 매력적이라는 소리를 듣기도 했으며 그리고 몇몇 남성들은 내게서 그런 면모를 발견한 것처럼 보이기도 했지만, 그러나 그 사람들의 말이나 자신에게나 혹은 자신을 보는 나의 견해에 아무런 감동을 주지는 못합니다."

"나는 지금 여기 앉아서도 내가 어렸을 때 나를 두고 가장 빈번하게 쏟아지던 말들을 기억해 낼 수 있습니다. 그리고 이제 와서 그 말들은 내가 나의 기대에 부응하는 생활을 하지 못할 경우, 스스로에게 내뱉는 말이 되었습니다. 그 말이 무엇이냐면, '못생기고 살찐 암소'라는 말입니다. 그런데 내가 이 말을 쓰면서 움츠러드는 것이 마치 어렸을 때 이 말을 들을 때마다 움츠러들곤 했던 것과도 같습니다. 더구나 내가 이렇게 움츠러든다고 해서, 오늘 내가 고기를 너무 오래 구웠을 때와 애써 약국에 들어가서 당황하고 말 것 같은 불안 때문에 굴욕적인 창피를 당하고 말았을 때 나 자신에게 그런 말들을 했다는 사실을 변화시켜 주지는 못합니다. 창피스러움, 불안, 그리고 자기비판 등이 내가 일요일이면 맛보았던 감정의 세계 전부입니다."

"도대체 지난날의 일요일들이 어떠했었던가? 일요일이면 무엇이 달랐었던가? 일요일이면 어머니는 화를 냈었습니다. 일요일 아침에 일어나 서재로 내려가면 나는 높은 등받이가 달린 안락의자에 앉아 있는 어머니를 목격하게 되고, 그때마다 나는 그날도 어머니는 내게 말을 건네려 하지 않을 것임을 어머니의 얼굴 표정으로 한눈에 알아차릴 수 있었습니다. 어머니의 얼굴은 증오의 화신이었습니다. 그래서 나는 가슴이 꽉 죄어들고 위통이 뒤따르며 그러기 때문에 생기는 걷잡을 수 없는 불안감을 느꼈으며, 위암에 걸리거나 혹은 죽음을 몰고 오는 출혈이 있지 않을까 하는 막연한 두려움에 사로잡히게 되었습니다. 그러면서 나는 이 부끄러운 감정을 어느 누구에게도 말하지 않겠다는 결심을 하게 되었습니다. 나는 어머니께 말을 건넬 수가 없었습니다. 나는 부엌으로 들어가 형제들과 아버지의 아침 식사를 준비하고 했었습니다. 나는 두려움 속에서 어머니가 부엌으로 들어서는 소리에 귀를 기울이곤 했으며, 그러면 이내 어머니는 부엌으로 들어왔습니다. 어머니는 식탁에 앉아서 줄곧 짙고 아름다운 눈썹 아래로 증오의 눈빛을 내게 보내곤 했었습니다. 부끄러움에 눈을 내리깔고서는 나는 단숨에 어머니의 표정을 훔쳐보곤 했으며, 그때마다 어머니가 참으로 아름다운 여자라고, 내게는 언제나 어머니가 참으로 아름다워 보인다고 생각했었습니다."

"키가 크고, 몸매는 가냘프면서, 푸른 눈에 검은 머릿결의 예쁘장한 계집애가 있으면 얼마나 좋겠느냐고 어머니가 내게 말했을 때, 나는 내가 참으로 못생겼으며 그래서 어머니로부터 미움을 받는다고 생각하고 했습니다. 어머니가 말하는 예쁘장한 소녀란 바로 나의 사촌을 닮은 소녀였습니다. 나는 나의 통통한 팔과 배로 쏠리는 어머니의 시선을 느낄 수 있었으며, 그래서 그 시선을 피해 어디론가 숨어버리고 싶었으나 그럴 만한 장소도 없었습니다. 나는 나에게 쏟아지는 어머니의 증오가 방에 가득 찬 듯한 느낌을 받았으며, 오빠가 나타나면 목이 메는 듯한 느낌을 받았습니다. 어머니는 오빠에게 먹을 것을 주고 이것저것 돌봐 주면서 야단법석을 부렸습니다. 어머니는 어린 동생에게도 마찬가지로 대해 주었으며, 충실하면서도 그러나 화가 난 듯한 태도이기는 했어도 아버지께도 역시 잡수실 것을 드렸을 때 나는 쏟아지는 눈물을 억제할 길이 없었습니다. 내게는 먹을 게 아무것도 주어지지 않았다는 사실에 대해 어머니는 전혀 개의치 않았습니다. 물론 나의 체중이 엄청나게 많이 나갔으며 어머니에게는 내가 부끄럽고 창피한 존재였기에, 나는 어머니를 탓하지 않았으며, 이제 와서도 어머니를 탓하지는 않습니다. 내가 방 안을 가로질러 나오거나 혹은 나오려 할 때면 거동이 매우 이상해서, 어머니는 나를 두고 마치 팽팽해진 풍선처럼 목이 가득 메었으며, 그때마다 어머니는 목소리나 얼굴에 역력하게 증오의 빛을 띄우면서 '계집애가 또 우는구나.'라고 중얼거리는 것이었습니다."

"물론 아버지가 있었지만, 그러나 지난날의 경험으로 미루어서 아버지가 무슨 말을 할지 나는 벌써 알았습니다. 고작해야 '마음에 두지 마라'고 한다거나 혹은 '자, 여기 천 원이 있다. 가서 영화나 보고 잊어버려라'고 할 뿐이었습니다. 내게는 하소연할 사람이 아무도 없었습니다. 나는 외톨이이었습니다. 그리고 오늘날에 와서도 나는 외톨박이입니다. 나는 아홉 시 혹은 열 시에 잠자리에 들곤 했습니다. 나는 팔베개를 하고 누워서 아무도 듣지 못하게 몰래 흐느끼곤 했습니다. 그런 밤에 대해 내가 기억할 것이라고는 잠을 이루지 못하면서 소리 없이 흘렸던 눈물뿐입니다. 잠을 이루지 못하는 만큼 근심은 점점 깊어만 갔습니다."

"그런데도 나는 잠들고 싶지 않았던 것이, 왜냐하면 내가 만약에 잠들게 되면 아침이 너무 빨리 올 것이기 때문입니다. '하나님, 제발이지 제가 어른이 되게 해주십시오.'라고 나는 속으로 중얼거렸습니다. 그러나 나는 그때 겨우 열 살이었으며, 어른이 되려면 많은 세월이 흘러야 했었습니다. 잠은 여전히 오지 않았습니다. 1시쯤 되어 혹시라도 부모님이 목소리를 듣게 되면, 나는 잠자리에서 뛰쳐나와 그들의 침실 밖으로 새어 나오는 소리에 귀를 기울였습니다 … . 그리고 그런 식으로 해서 나는 부모님이 나에 관해서 이야기를 많이 듣게 되었으며, 거기서 들려오는 이야기는 모두가 나를 가슴 아프게 했습니다. 마치 오늘날 내가 자신에 대해 수치감을 느끼듯이, 어머니의 이야기는 나의 수치감을 자극하는 내용 일색이었습니다. 나에게는 열정이나 활기가 없었습니다. 나는 불행했으며, 오늘날 내가 나를 두통거리로 여기듯 나는 양친에게 두통거리였습니다."

"엿듣는다는 것은 나의 자존심을 상하게 할 뿐이었습니다. 2, 3시가 되면 결국 잠이 들곤 했지만, 나는 잠이 들지 않기를 원하였습니다. 아침이면 눈을 뜨기가 무섭게 눈물이 앞을 가렸고, 지금도 아침을 맞으면 그렇듯이 낮 시간에 대한 공포가 나를 짓눌렀습니다. 어른이 되어서도 수면의 즐거움을 누리기란 언제나 힘겨운 일이 되었습니다. 나는 지금 이 글을 쓰면서, 안 시간 전에 복용한 수면제가 일요일인 오늘 잠들 수 있게 해줄 것이고 오늘을 숙명의 시간이 지나갔음에 감사하는 일요일들 가운데 하루로 기록할 수 있게 해줄 것이기에 하나님께 감사를 드립니다. 또한 수면제가 나의 모든 행동에 대한 잠재의식적 억압력을 잠들게 함으로써 내가 나의 감정들을 다소 편안하게 그리고 참담한 기분으로 기술할 수 있게 해주기 때문에 나는 이에 대해서도 감사합니다. 내가 과거와 현재의 유사점을 명백하게 기술하였는지 의문입니다. 나는 지난 과거가 지금에도 여전히 기승을 부리고 있음을 밝히려고 애를 썼습니다. 나는 이제 어린이가 아닙니다. 그런데도 나에게는 그때의 상처와 자기 비하와 가공할 공포증이 그대로 남아 있습니다. '암흑의 세월을 보내면서 한 어린이가 잠자리에서 울고 있었습니다!'"

"언젠가는 새롭게 시작되기를 나는 고대합니다. 지난날의 흔적은 말끔히 지워져 거울에도 전혀 나타나지 않을 것입니다. 나는 이제 더 이상은 내 어머니와 그리고 나 자신의 눈길을 통해서 나를 주시하지는 않겠으며, 어쩌면 내 본연의 모습을 점차적으로 볼 수 있게 될 것입니다. 나에 대한 어머니의 시선이 그른 것이었다면 실제적으로 나는 존재하지 않았던 셈이니, 이제는 다시 태어나야 하겠습니다. 이는 분명히 나의 소망입니다. 다시 시작할 기회는 주어졌습니다. 내 생애의 첫 시기를 살아갈 기회가 온 것입니다."

P부인의 지난날의 어린 시절은 그녀로 하여금 가혹한 학대를 겪으면보다 안정감을 느끼게끔 했습니다. 남들이 자신을 가혹하게 대해 주지 않으면 그런 태도가 오히려 생소하고 낯선 나머지 그녀는 의심하고 불안함을 느끼게 되는 것입니다. 면담을 통해서 그녀는 자신이 왜 자기 가족들 즉 남편과 아이들에게 그토록 자주 그리고 그토록 냉정하게 대해 왔는지를 깨닫게 되었습니다.

심한 열등감에 빠져있는 그녀는 주위 사람들에게 끝없이 그녀 자신을 무시하고 외면하기를 강요해왔으나, 그것이 참으로 그녀 자신이 바라는 바는 아니라는 것을 알게 되었습니다. 그렇게 강요하는 것은 그녀의 왜곡된 자아였습니다.

다음번의 면담에는 그녀와 그녀의 남편이 함께 상담에 임했습니다. 나는 그녀의 남편에게 왜 그녀가 그토록 터무니없이 쉽게 화를 내고 톡톡 쏘는 말을 하며 늘 우울해하게 되었는지를 설명해 주었습니다. 이해하려고 애썼지만 계속해서 자신을 들볶고 화를 돋우기 때문에 자기 부인에 대해서 완전히 포기하려고 했던 남편은 자기 부인이 가진 문제가 무엇이며 또 그것을 해결하기 위해서는 그 자신 역시 그녀를 돕지 않으면 안 된다는 사실을 어느 정도 깨닫게 된 것 같습니다.

남편 혹은 아내의 문제점들을 해결하기 위해서는 배우자의 노력이 절대적으로 필요합니다. P부인은 다행히도 그녀를 사랑하기 때문에 끝까지 인내하고 돌보려는 남편의 사랑과 노력 때문에 자기 학대, 열등감을 치유할 수 있게 되었습니다.

9. '교만' 상담설교

이것을 자랑하라 - 렘 9:23-24

사람은 누구를 막론하고 자랑하기를 좋아합니다. 그것은 심리학적으로 분석해 본다면 '인정감'에서 나오는 본능적인 것입니다. 그렇기 때문에 누구나 남에게 인정받고 칭찬받고 싶은 욕망을 가지고 있는 것입니다.

그래서 심지어는 아들 딸 자랑을 하는 부모가 있는가 하면 남편 자랑 아내 자랑을 하고, 권세를 가졌으면 그 권세를 자랑하려고 하는 것을 보게 됩니다. 우리 믿는 성도들 가운데도 보면 자기의 받은 은혜와 은사를 지나치게 자랑하려고 하는 경우를 보게 됩니다.

그러나 우리가 알아야 할 것은 자랑을 너무하거나 잘못하면 오히려 인정도 받지 못하고 미움만 사게 되는 것입니다. 또 교만하다는 욕을 먹게도 되는 것입니다. 그러므로 참 지혜가 있는 자는 자랑하는 것을 조심합니다. 자랑을 자칫 잘못하다가는 자기에게 이익보다는 손해가 더 많이 오기 때문인 것입니다.

그러므로 우리는 자기 자신에 대해서는 언제나 부족과 결핍을 깨닫고 나보다 남을 낮게 여기는 마음을 가져야 정상적인 마음의 자세인 것을 기억하시기 바랍니다. 사실 남이 나를 알아주어서 칭찬을 받는 것이 되어야지 자기가 자랑하려고 하고 칭찬받으려고 하면 덕스러운 것은 못 되는 것입니다.

이것은 인간들끼리만이 아니라 하나님도 가증히 보시는 것입니다.

구약 이사야서 38장에 보면 유대 나라의 히스기야 왕이 어느 날 병석에 누워 앓고 있을 때 하나님은 이사야선지를 통하여 죽을 것을 예고했습니다. 그 말을 전해 들은 히스기야 왕은 침상에서 벽을 향하여 눈물을 흘리며 통곡하면서 하나님께 살려 달라고 부르짖었습니다.

그때에 하나님은 그 기도와 눈물의 간절함을 보시고 다시 이사야선지를 보내 살려주어서 15년이나 생명의 연장을 받았습니다. 그러자 이웃 바벨론 나라의 왕이 그 소문을 듣고 사신을 통해 좋은 예물을 보내고 축하해 주었습니다. 그때에 히스기야 왕은 하나님께 감사하거나 하나님의 은혜는 자랑하지 아니하고 궁중에 있는 금 은 보화와 향료와 보배로운 기름과 또 보여서는 아니 될 군사 무기고까지 다 보여주면서 모두 자랑하고 말았습니다.

그것을 보신 하나님께서는 노하셔서 "보라 날이 이르리니 네 집에 있는 모든 소유와 네 열조가 오늘까지 쌓아 둔 것이 모두 바벨론으로 옮긴 바 되고 남은 것이 없으리라"는 무서운 경고를 해주었던 것입니다.

그러면 히스기야 왕은 무엇이 잘못되었기에 하나님의 진노를 샀습니까? 그것은 다른 것이 아니라 그는 누구보다도 하나님의 은혜를 많이 받아서 죽을 병까지도 나음을 받았고 또 외적의 침입도 막고 나라도 부강하게 되었는데도 하나님을 자랑하거나 하나님의 은혜를 감사하지 않고 오히려 자기를 은근히 하나님보다 앞 세워 자랑했기 때문인 것입니다.

식물에 있어서도 잎이나 열매는 잘 보이는 것이 좋지만 뿌리까지 드러내 보이면 그 식물은 말라죽고 맙니다.

다윗왕도 하나님의 은혜와 축복 가운데 나라를 통일하고 평안하게 살게 되니까 하루는 신하들을 시켜서 군대의 수를 세어보게 하였습니다. 그때 그것을 보신 하나님께서는 다윗을 쳤습니다. 그래서 다윗을 향하여 물었습니다. "3년 동안 기근을 당하겠느냐, 아니면 3일 동안 무서운 전염병으로 사람이 죽는 것을 보겠느냐?" 하면서 어느 것이든지 하나를 택하라고 했습니다.

그때 다윗은 하나님께 나아가서 기도하기를 "하나님을 모르는 저 이방인들에게 숨어 다니는 것은 원치 않고 매를 맞아도 하나님께 맞겠나이다"고 했습니다. 그래서 하나님께서는 3일 동안 무서운 전염병을 내려서 그때에 죽은 사람이 7만 명이나 되었던 것입니다. 왜 다윗이 이러한 징계를 받았습니까? 그것은 다윗이 순간적이나마 자기의 능력을 과시하고 자랑하고 싶은 마음 때문에 하나님의 진노를 사게 되었던 것입니다.

자랑을 잘못하게 되면 하나님 앞에서나 사람 앞에서 미움을 받기 쉬움으로 조심하시기를 바랍니다.

그러면 우리가 아무것도 자랑하지 말아야 되겠습니까? 아닙니다. 하나님이 허락하시는 자랑, 하나님이 기뻐하시는 자랑, 복 받을 수 있는 자랑이 있습니다.

그래서 이 시간 성경에 나타난 하나님이 허락하시고 기뻐하시는 자랑에 대해서 생각하면서 은혜를 받고자 합니다.

1. 오늘 본문에 보면 하나님을 아는 것을 자랑하라고 말씀하고 있습니다. 본문 24절에 "자랑하는 자는 이것으로 자랑할찌니 곧 명철하여 나를 아는 것과 나 여호와는 인애와 공평과 정직을 땅에 행하는 자인 줄 깨닫는 것이라 나는 이 일을 기뻐하노라 여호와의 말이니라"고 했습니다.

우리는 분명히 세상의 어느 것보다도 하나님을 바로 깨닫는 것이 과연 자랑할 만한 것이며, 또 하나님을 바로 알고 자랑하며 남에게 전할 때 그것이 전도가 되어 다른 사람까지 구원하게 되는 것이며 따라서 하나님이 기뻐하시는 일임을 기억하시기 바랍니다. 사람의 지혜와 용맹과 부함은 하루아침에 이슬처럼 사라져 버리고 마는 것이기 때문에 본문 말씀에 여호와께서 말씀하시기를 "지혜로운 자는 그 지혜를 자랑치 말라, 용사는 그 용맹을 자랑치 말라"고 분명히 말씀해 주고 있는 것입니다.

사람은 자기의 지혜나 용맹이나 부함을 절대로 자랑하지 말고 오히려 그 지혜와 용맹과 부함을 주신 하나님만을 절대적으로 의뢰하고 자랑하시는 삶이 되시기를 주의 이름으로 축복합니다.

그리하여 하나님이 함께 하시기만 하면 애굽에 팔려가서 머슴살이하던 요셉과 같이 대국을 다스리는 정치가가 될 수도 있고, 양을 치던 목동 다윗과 같이 골리앗 장군도, 물리칠 수가 있는 것이요, 에스더와 같은 가난한 고아가 왕후가 되어 민족을 구원시키는 놀라운 역사를 일으켜 주심을 믿으시기 바랍니다.

그러므로 진정한 지혜는 하나님이 함께 하심을 깨닫는 것이요, 참다운 부자는 만군의 여호와 하나님을 나의 분깃과 기업으로 삼으면서 하나님께 대하여 부요한 자가 참 부자인 것을 깨달으시기 바랍니다. 그래서 잠언 1장 7절에 보면 "여호와를 경외하는 것이 지식의 근본이어늘 미련한 자는 지혜와 훈계를 멸시하느니라"고 했고, 시편 56절 4절에도 "내가 하나님을 의지하고 그 말씀을 찬송하올찌라 내가 하나님을 의지하였은 즉 두려워 아니 하리니 혈육 있는 사람이 내게 어찌 하리이까"했고, 또 시편 119편 56절과 57절에도 "내 소유는 이것이니 곧 주의 말씀을 지키리라 하였나이다"라고 시편 기자는 고백을 하였습니다.

그러므로 하나님을 바로 알고 하나님만을 자랑하는 여러분들이 되시기를 주의 이름으로 축원합니다.

2. 자기의 약함과 결핍을 자랑해야 됩니다.

고린도후서 12장 7절부터 보면 "…… 이는 내 능력이 약한 데서 온전하여 짐이라 … 이러므로 크게 기뻐함으로 나의 여러 약한 것들에 대하여 자랑하리니… 내가 그리스도를 위하여 약한 것들과 능욕과 궁핍과 핍박과 곤란을 기뻐하노니 이는 내가 약할 그때에 곧 강함이라"고 사도 바울은 말해주고 있습니다.

이 말씀은 사도 바울의 깊은 영적 체험에서 얻어진 비결인 것입니다. 그는 누구에게 지지 않을 학벌과 지식이 있었고, 로마의 시민권을 가진 권세자요, 히브리인 중의 히브리인이요, 영적 체험으로는 삼층천(천국)에 까지 올라가 하나님까지도 만나 본 사람이었지만 그것들을 자랑하지 아니하고 오히려 자기의 약함과 결핍과 부족을 자랑했던 것입니다.

그것이 하나님의 은혜와 그리스도의 능력이 머물게 하는 비결임을 깨달았고 하나님으로부터 버림받지 않고 끝까지 쓰임 받는 비결임을 발견했던 것입니다. 그래서 사도 바울은 늘 자신을 가리켜 "죄인 중의 괴수"요, "만삭 되지 못하여 난 자 같다"고 고백을 했고 "내가 부득불 자랑할찐대 나의 약한 것을 자랑하리라"고 했습니다.

위대한 작곡가이자 음악가인 모짜르트는 그에게 배우러 오는 사람들에게 항상 이런 질문을 던지곤 했다. "당신은 과거에 어디선가 음악을 배운 적이 있습니까?" 만일 그 사람이 배운 적이 있다고 대답하면 모짜르트는 수업료를 두 배로 청구했다. 그리고 만일 그가 전에 전혀 음악을 배운 적이 없다고 말하면 모짜르트는, "그럼 좋습니다. 수업료를 반만 내십시오." 라고 말하곤 했다. 이것은 너무도 부당한 처사였기 때문에 사람들이 따졌다. "음악을 전혀 모르는 사람이 오면, 당신은 수업료를 반만 내라고 말하고 10년 동안이나 음악을 공부한 사람이 오면 수업료를 두 배로 내고 하시는데, 그건 도대체 왜 그렇습니까?" "거기에는 이유가 있습니다." 모싸르트가 말했다. "음악을 배운 사람들의 경우, 우선 나는 그들이 가지고 있는 찌꺼기를 거두어 내야 합니다. 그리고 그것이 더 힘든 작업입니다. 그 사람이 가지고 있는 모든 것을 파괴하는 것이 가르치는 것보다 더 힘든 일이기 때문이지요." 하나님은 자기의 죄와 약함과 무능함과 결핍과 부족을 깨닫고 의지하는 자를 기뻐하신다는 사실을 잊지 마시기 바랍니다.

다시 거듭 말씀드립니다. 하나님은 자기의 죄를 깨닫는 자에게 주의 보혈로 용서해 주시고, 자기의 약함을 깨닫는 자에게 강하게 해 주시고, 자기의 무능함을 깨닫는 자에게 능력을 주시고, 목마름을 깨닫는 자에게 영원한 생수를 마시게 해 주심을 믿으시기 바랍니다.

고린도후서 3장 5절에 "우리가 무슨 일이든지 우리에게서 난 것 같이 생각하여 스스로 만족할 것이 아니니 우리의 만족은 오직 하나님께로부터 나느니라"고 기록되어 있습니다.

시편 115편 1절에도 보면 "여호와의 영광을 우리에게 돌리지 마옵소서 우리에게 돌리지 마옵소서 오직 주의 인자하심과 진실하심을 인하여 주의 이름에 돌리소서"하고 시편기자는 노래했습니다. 고린도후서 10장 17절에도 "자랑하는 자는 주안에서 자랑할찌니라"고 했습니다.

자기의 약함을 자랑함으로서 자기를 낮추면 주님께서 그를 높여 주십니다. 누가복음 14장 11절에 "자기를 낮추는 자는 높아지리라"고 했고, 야고보서 4장 10절에는 "주 앞에서 낮추라 주께서 너희를 높이시리라"고 했습니다. 겸손히 자기의 약함을 자랑함으로서 자기는 아무것도 아니요, 하나님만이 전체가 되게 하는 자는 참으로 지혜 있는 자요 하나님께서 반드시 그를 높여 주시며 귀한 그릇으로 쓰실 것입니다.

아무쪼록 우리의 약함과 결핍을 깨닫고 주님만을 자랑하시는 여러분이 되시기를 축복합니다.

3. 우리는 십자가를 자랑해야 하겠습니다.

갈라디아서 6장 14절에 보면 "그러나 내게는 우리 주 예수 그리스도 외에는 결코 자랑할 것이 없으니 그리스도로 말미암아 세상이 나를 대하여 십자가에 못 박히고 내가 또한 세상을 대하여 그러하니라"고 했습니다.

여러분 다시 한 번 깊이 생각해 보십시요! 멸망을 받아 하나님도 모르고 천국도 모르고 지옥에 '갈 죄인이 십자가의 보혈의 공로를 믿음으로 구원받아 하나님의 자녀가 되고 천국 백성이 되었으나 그 은혜 무엇으로 다 감사할 수 있겠습니까?

예수님의 십자가의 공로를 생각할 때에 늘 울어도 눈물로 못다 갚고 만입이 있어도 다 찬송할 수가 없습니다. 그래서 사도 바울은 십자가 외에 결코 자랑할 것이 없다고 고백을 했습니다. 그런데 우리 인간들은 백번 죽어도 십자가 뒤에 숨어있어야 할 텐데 어떤 때는 십자가 앞에 나아가 나를 나타내려고 할 때가 많이 있습니다.

이 시간부터 우리는 예수님의 십자가만을 앞세우고 자랑하며 사는 삶을 사시기를 바랍니다. 고린도전서 1장 18절에 보면 "십자가의 도가 멸망하는 자들에게는 미련한 것이요 구원을 얻는 우리들에게는 하나님의 능력이 됨이라"고 말씀하고 있습니다.

우리는 세상의 것이나 나의 어떤 것이라도 어리석게 자랑하는 자가 되지 말고 하나님을 아는 것과 나의 약함과 결핍과 예수님의 십자가만을 자랑하는 자가 되어 하나님이 기뻐하시고 또 찬송가의 노래와 같이 "나와 세상은 간 곳 없고 구속한 주님만 바라보는" 단계에 들어가셔서 축복된 삶을 사시기를 주의 이름으로 축복합니다.

10. 바알 셈 도프

유태인의 랍비 중 벤 엘리젤이라는 사람이 있다. 그는 훌륭한 제자를 1만여 명이나 길러 냄으로써 '바알 셈 도프'라는 명예로운 호칭을 얻었다.

"사람이란 언제 어떤 경우에나 겸손해야 한다."

이것이 그의 가르침의 요지였다.

어느 날, 한 제자가 그를 찾아와서 물었다.

"진리는 어디에나 있다고 말씀하셨죠? 그렇다면 진리는 발에 채는 길가의 돌멩이처럼 흔한 겁니까?"

"그렇디네. 그처럼 누구나 마음만 먹으면 주울 수 있지."

"그런데 사람들은 왜 그걸 줍지 않는 걸까요?"

제자가 다시 물었다.

"진리라는 돌을 주우려면 허리를 구부리지 않으면 안 되지. 그게 싫어서 사람들은 진리를 줍지 않는 걸세."

벤 엘리젤이 대답했다.

아무리 좋은 물건이 땅에 떨어져 있어도 허리를 구부려 줍지 않으면 자기 것이 되지 않는 것과 마찬가지로, 훌륭한 사람이 되려면 그만한 노력을 해야만 하는 것이다.

교만은 자신의 상태를 사실 이상으로 확대 평가하는 것이다. 교만한 마음은 불합리한 자기이해, 과도한 자기만족, 타인에 대한 무자비한 경멸과 중상, 허영, 허례, 시기, 불만, 탐욕, 편협 등의 좋지 못한 결과를 가져온다.

하나님은 교만한 자를 물리치시며 멀리하신다(잠 16:18, 벧전 5:5, 약 4:6). 하나님은 그들에게 무시무시한 여호와의 날, 곧 심판의 날을 예비하셨다(겔 31:10, 사 2:12-17). 즉 교만은 패망의 선봉이요 넘어짐의 앞잡이다(잠 16:18).

교만은 이 세상에 들어온 첫 번째 죄이지만 그것은 또한 정복되어야 할 마지막 죄이기도 하다. 이 교만의 문제가 해결되지 않고서는 어떤 인간도 행복을 누릴 수 없고 어떤 공동체도 존속할 수 없다. 그러므로 교만은 상담자가 대면해야 할 가장 큰 적들 가운데 하나가 되는 것이다.

때때로 교만의 마음은 후천적으로 학습된 결과일 수가 있다. 부모들의 품성이 교만하였거나 혹은 지나친 과보호로 인해 자녀를 응석받이로 키웠을 경우 교만한 사람이 될 수 있다. 과도한 칭찬이나 기대 또한 교만한 인격을 소유하는데 일조한다. 자녀가 지닌 재능이나 능력을 필요 이상으로 과대평가할 경우 자녀들은 자신의 모습에 대한 그릇된 개념을 지닌 채 성장할 수 있다. 대체로 학력이 높은 사람 중에, 좋은 가정 배경을 가진 부유한 가정에서 자란 사람 중에, 교회 직분이 높은 집안의 사람 중에서 발견되는 교만은 상당히 세련되어있고 그 세련된 교만의 수준이 상상을 초월한다. 이른바 착시현상이라 표현할 수 있다. 실은 그런 것과 자신의 우월, 차별, 탁월, 대체 불가와는 상관이 없다. 차라리 없는 것이 낫다. 여기 바하의 경우를 보자. 독일의 작곡가 요한 세바스찬 바하의 주변에 있었던 이야기이다. 바하는 어느 때 몇 주일간 매우 귀찮게 구는 한 외국인 음악가 때문에 골치를 앓고 있었다. 이 외국인 음악가는 평범한 음악가이면서 자신이 무슨 대단한 존재나 되는 것처럼 자부하고 있었다.

그는 매일 거장인 바하를 찾아왔다. 그리고 형편없는 작곡과 피아노 연주로 몇 시간이고 그를 괴롭혔다. 그뿐 아니라 바하 유파 사람들의 연주를 지독한 혹평을 하였다. 어느 때인가 바하의 수제자인 쿠라우제의 연주를 혹평하고 그는 계속해서 말했다. "그 정도의 연주라면 우리나라에서 어린애도 합니다."

바하는 언젠가 이 허풍선이를 한번 혼내 주리라고 생각했다.

어느 날 유명한 파이프 올게의 연주가 요한 루트비하 쿠레주스가 바하를 찾아왔다. 그는 바하의 친구이기도 하고 스승이기도 했다. 여기서 바하의 계획은 즉시 이루어졌다. 그는 이 음악가에게 마차꾼의 복장을 하고 외국인이 또다시 연주를 시작할 때 들어오도록 계획을 짜놓았다.

쿠레프스는 외국인 앞에서 피아노 연주를 하도록 요구받았다. 그러자 쿠레프스는 시치미를 떼고 외국인 앞에서 피아노 소나타를 익숙하게 연주했다. 여기서 말 많은 외국인은 아무 말도 못했다.

바하는 외국인에게 말했다.

"우리나라에서는 마차꾼이라도 보통 이 정도는 하지요."

그 이후 그 허풍쟁이 음악가는 바하를 진심으로 존경하게 되었다.

즉, 자신은 다른 누구보다 뛰어난 존재라고 생각하는 것이다. 상담자가 교만의 문제에 연루되어 있는 내담자를 만날 때 교만의 죄성을 지적해야 한다. 교만이 얼마나 자신과 공동체에 해로운 것인가를 알려주어야 하고 하나님은 내담자가 겸손한 마음을 지닐 것을 원하신다는 사실을 알게 해야 한다.

사도 바울의 다음과 같은 권면은 내담자에게 전해줄 좋은 자료가 될 수도 있을 것이다.

"아무 일에든지 다툼이나 허영이로 하지 말고 오직 겸손한 마음으로 각각 자기보다 남을 낫게 여기고", "그(그리스도 예수)는 사람의 모양으로 나타나셨으매 자기를 낮추시고 죽기까지 복종하셨으니"(빌 2:3, 8)

또한 상담자는 내담자의 문제가 후천적인 것으로 판단될 때 내담자가 자기 이해를 올바로 할 수 있도록 도와야 한다. 타인을 인정하고 용납할 수 있는 수용력의 증대를 위한 상담과 자신의 현실을 올바로 받아들일 수 있도록 하는 상담을 병행해야 한다. 물론 이 경우에도 영적인 상담이 제외되어서는 안 된다.

가장 궁극적인 치유는 인간의 마음이 변화되는 것이므로 성령의 인도하심을 통해 내담자의 마음이 근본적으로 변화될 수 있도록 도와야 한다.

11. 정신분열이 일어나는 다원화문화

　　　　　다원화 시대에 접어들면서 정신분열증 환자들이 점점 늘어나 그들이 겪는 고통을 줄이고 치료되게 하여 현실로 돌아가게 하는 일이 힘들어지고 있다. 우리가 누리고 있는 문화는 여러 가지로 볼 때 편리한 면이 있고 니즈에 넘치도록 화답하고 있다. 그런데 문제는 그 이면에 이 환경의 그늘에는 정신질환자들이 늘어나고 있다는 것이 문제다.

　보통 정신과 임상에서 볼 때 가족력에 특별한 문제가 없는 예가 많지만, 환자의 형제, 자녀, 양친 등이 환자와 동일한 병을 가진 경우도 적지 않다. 그러므로 정신병의 유전 여부는 많은 사람들이 관심을 쏟는 부분이기도 하다.

　정신분열증에 대해서 우리는 특별한 편견을 가지고 있다. 이 병으로 진단받은 환자나 그 가족들은 암이라는 진단을 받았을 때와 같이 비통해한다. 이러한 경향은 흔히 이 질환이 유전적 질환이고 따라서 근본적인 치료법이 없다는 인식에서 기인할 수도 있다. 그러나 현대 정신의학의 입장에서 볼 때 이러한 인식은 바뀌어져야 한다.

　유전성 질환이라 하면 유전 형식이 확립되어 있어야 한다. 유전 형식으로는 상염색체 우성 유전, 상염색체 열성 유전, 반성 열성 유전이 있다. 유전성 질환으로 유명한 헌팅톤 무도병은 우성 유전으로, 환자와 건강인과의 결혼으로 출생한 자녀 중, 두 명에 한 명 꼴로 남녀의 성에 관계없이 발병한다.

또한 색맹도 잘 알려진 바와 같이 유전되며 반성 열성 유전의 형식을 갖는다. 즉 부모 중에서 누가 색맹인가에 따라 반대되는 성 의 자녀에게 편파적으로 나타난다. 아버지가 색맹이면 그 자녀는 건강하지만 딸이 낳은 남아는 색맹이 되는 것이다.

반면에 정신분열증에 관해서는 임상유전학(집단유전학적 연구, 가계조사, 쌍생아 연구 등)에 있어서의 많은 연구에도 불구하고 분명한 유전 형식이 확립되어 있지 않다. 그러나 정신분열증의 유전 연구에서 나타난 바에 따르면 형제, 자녀, 부모 등이 그 병에 걸릴 확률은, 환자와의 혈연의 정도가 가까울수록 높아지며, 일반 인구가 그 병에 걸릴 확률을 웃돌고 있다.

유전적 요인에 관한 재평가라는 측면에서 볼 때, 현재 유전의 중요성은 충분히 인정되어야 하나 유전적 소인이 동일한 일란성 쌍생아의 일치율, 또는 유전 발병에 대한 비율은 약 30-40% 전후라는 견해가 대표적이다. 다시 밀해서 최근의 유전 생물학적 연구의 결과에서 보면 종전의 정신의학계에서는 정신분열증 발생에 대한 유전 요인의 비율을 과다하게 평가해 왔다고 할 수 있다.

이러한 사실은 일반에게 널리 계몽되어야 한다.

점차로 정신분열증의 발생은 대뇌 이상 등의 생물학적 요인이나 유전에 의한다는 이전의, 좁은 사고방식에서 벗어나 심리적, 환경적 요인이 작용한다고 보는 경향이 짙어지고 있다. 따라서 정신분열증은 환경. 심리적 요인을 포함하는 매우 복잡한 요인에서 발생하는 질병으로 고려되며 유전병으로 단정하는 것은 오류다.

그렇다면 가정과 교회에서라도 이 정신적인 문제를 일으키는 환경에 대하여 계몽하고 직접 선도해야 할 필요가 있다. 필자가 상담한 분은 사회에서도 엘리트 그룹에 해당하는데 50대에 정신병원을 다니게 되어 정신병원에 4년을 다니며 진료와 약물을 지긋지긋하게 노력했으나 점점 더 깊어만 갔는데 상담을 하면서 교회 예배에 참석하고 시편 23편을 암송하고 묵상하고 그림을 그리다가 지금은 다 회복되어 정상적인 생활을 하고 있다. 문제는 유전적인 면을 부인하지는 못하나 환경의 개선을 통하여 치료되는 경우가 많다는 것이다. 어떤 사람은 그렇게 살면 반드시 정신분열증이 오게 되어 있다. 그런 환경을 바꿔주는 것이 전도가 아닐까?

12. 분열성 인격장애(分裂性 人格障碍)

분열성 인격장애(分裂性 人格障碍)로 고통받는 사람들이 점점 늘어나고 있다. 세상이 점점 발전하고 진화한다고 흥분하는 뒤편에서는 멀쩡한 사람, 심지어 성직자임에도 인격장애를 지닌 경우를 어렵지 않게 보고 있다. 알츠하이머병의 제일 고통스러운 정점은 진행과정에서 나타나는 현상으로 인격 장애다. 이 수준에 이르게 되면 자신이 누군지 뭘 하는 사람인지 구분이 불가능하다. 심지어 아들을 보고도 아저씨라고 호칭하고 딸을 보고 아줌마라고 부른다. 기막히잖아요. 자녀들이 이 정도에 이르면 손에 힘이 풀린다. 그런데 분열성 인격 장애에 분류되는 사람을 만나면 어떤 경우에는 멀쩡하다가도 하는 일을 자세히 살펴보면 병도 그런 병이 없다.

분열성 인격 장애의 기본 양상은 일생 동안 사회로부터 분리, 소외되어 있으며 다른 사람들과의 교제가 어렵고 지나치게 내향적이며 온순하고 빈약한 정서가 특징이다 이들은 다른 사람들이 볼 때 괴벽스럽고 외톨이처럼 보인다. 정서적으로 냉담하고 무관심하며 타인에 대해 따뜻함이나 부드러움이 없으며, 타인의 느낌, 칭찬 또는 비평에 무관심하다.

가족을 포함해서 친밀한 관계에 있는 사람은 단지 한두 사람뿐이다. 사고와 대화가 장애되어 있다. 언어표현이 괴이하고 지엽적이고 막연하고 지나치게 정교하고 우회 적이다. 가까운 친구가 없고 사회적으로 고립되어 있다. 그러나 노골적인 정신병적 에피소드를 나타낸 적은 결코 없다.

임상적 양상은 분열성 인격 장애와 정신분열증 사이의 경계 영역에 해당되며, 과거에 경계성, 단순형, 또는 잠복형 정신분열증으로 분류되던 증상들이 여기에 해당된다. 이들은 흔히 미신이나 유사종교에 사로잡혀 있는 경우가 있고, 혹은 자신이 특수한 사고나 통찰력을 가진 초능력자라고 믿는 경우도 있다. 문화권에 따라서는 이들이 점성가 또는 사교집단의 광신자로서 역할을 하기도 한다.

증상과 원인을 조심스럽게 분석해 보면 다른 정신적인 문제들의 기초가 그러하듯 어릴 때 대상관계 양상, 가족 상호작용 방식 및 문화가 중요한 요인이다. 어린 시절을 보면 쓸쓸하고 냉담하며 감정 교류가 없었다는 것을 알 수 있다. 따라서 양육과정이 중요하리라는 추측을 할 수 있다. 유전적 원인에 대해서는 불분명한 바, 정신분열증 환자들의 친척 중에서 발생하는 경우가 분열형 인격장애에 비해서 훨씬 적다.

그 증상으로는 냉담하고 무관심하며 타인의 일에 관여하지 않으려 한다. 혼자서 비경쟁적인 직업을 갖는다. 수학, 천문학 등 비인간적인 일에 열심인 경우가 많다. 성생활은 공상에 주로 의존하며 이성과 친밀해지기 어렵다. 분노를 직접 표현하지 못한다.

다양한 형태의 사회적 유대에 대한 무관심과 제한된 범위의 감정 경험과 감정 표현을 특징으로 하며 청년기에 시작하며 여러 상황에서 나타난다. 다음과 같은 증상들이 일부 혹은 전체적으로 나타난다.

⑴ 가족과의 관계를 포함해서 친밀한 관계를 바라지도 않고 즐기지도 않음

⑵ 항상 혼자서 하는 행위를 선택함

⑶ 분노나 즐거움과 같은 강한 감정을 경험하지 못하는 것으로 말하거나 또는 그렇게 보인다.

⑷ 다른 사람과의 성적 경험을 하고 싶은 욕망을 거의 나타내지 않는다(나이를 고려하여).

⑸ 다른 사람들의 칭찬이나 비난에 무관심하다.

⑹ 일체 가족 이외의 친한 친구가 없다(또는 단지 한 명 있다).

⑺ 제한된 감정 표현을 함(무관심하고 냉담하며 웃거나 고개를 끄덕이는 등의 얼굴 표정이나 몸짓을 거의 주고받지 않는다).

⑻ 관계망상(심한 망상적인 관계망상은 제외)

⑼ 사회생활에서의 지나친 불안(예 : 친하지 않은 사람과 같이 있게 되는 상황에서 지나친 불편함을 느끼는 경우)

⑽ 행동에 영향을 주고 문화적인 기준에 맞지 않는 이상한 믿음이나 미술직인 사고를 갖고 있음. 예를 들어 미신에 사로잡혀 있다든가, 천리안, 텔레파시, 육감 등에 대한 믿음, 다른 사람들이 내 느낌을 알 수 있다고 함(아동이나 청소년에서는 기이한 공상을 하거나 기이한 생각에 몰두하는 것).

⑾ 이상한 지각 경험, 예를 들어 착각, 실제로 존재하지 않는 힘이나 사람의 존재를 실제 있는 것으로 느낌(예 "나는 내 죽은 어머니가 나와 함께 방에 있다고 느꼈다").

(12) 이상한 행위나 모습(예 : 복장이 단정하지 못하고 이상한 반복적인 행위, 혼잣말을 함).

(13) 이상한 말을 함. 예를 들어 빈곤하고 지엽적이며 모호하고 부적절한 추상적인 말을 함.

(14) 부적절하거나 제한된 감정. 예를 들어 조소적이고 냉담하며, 웃음이나 고개를 끄덕이는 것과 같은 얼굴 표정이나 몸짓을 거의 주고받지 않음.

(15) 의심하거나 편집증적인 사고를 지닌다.

다원화 시대에 접어들면서 정신분야의 질병이 폭발적적으로 일어나고 있다. 정신병원마다 환자들로 넘친다. 그런데도 우리 주변에는 여전히 정신분야의 질환으로 고통당하는 사람이 가득하다. 심지어 교회 안에도 노회나 총회 안에도 분명 그렇다. 분석을 해 보면 농경시대를 살아오면서 그들에게 채워지지 못한 감정과 욕구들이 지금 이런 현상으로 나타난다. 최소한 우리 시대에 성직자나 여러 분야의 지도자가 되려면 자신 속에 얼마나 건강한 자아가 형성되어 있는지를 반드시 점검해야 한다.

13. 인간은 만들어진 존재가 아니라 만들어지는 존재

저는 현재 50대 독신으로서 청소년기 때의 성격 형성이 잘못되어 자신감이 없고 불안, 공포, 긴장감으로 대인관계가 거의 안됩니다. 안 해 본 직업이 없는데 항상 대인관계에서 위축되고 눈치를 보게 되므로 침체되고 염려하므로 오래 있지를 못 합니다. 그동안 적극적인 사고방식을 갖는 법, 배짱을 가지라는 책들을 읽고 노력을 해 보았으나 가면적일 뿐 외적인 행동으로 표현한다 해도 내적인 주체성은 바뀔 수가 없으므로 오히려 이중인격자같이 될 뿐 치료가 되지 않았습니다.

고등학교 때 신체적 조건 때문에 열등감(키가 177cm)이 심해 친척이 오면 문을 잠그고 많은 사람이 있으면 지나가질 못하는 성격이었는데 부모님은 천성이 그렇다고 할 뿐 무관심했었습니다. 알코올 중독이었으나 40대에 서울 와서 끊게 되고 지금은 담배만 피우고 커피를 하루에 10잔 정도 마십니다.

직분자가 왜 저럴까 싶어 현재 교회에도 안 나가고 있습니다. 이제는 육체적인 것보다 영적인 것에 주안점을 두고 남을 위해 봉사할 때 기쁨이 있지 않을까 연구 중이며 나 자신 노력도 하고 변화되면서 봉사할 자리를 원합니다. 남의 눈치 보는 병폐를 고치고 싶은데 어떤 목적과 보람이 있을 때 바꿔지지 않을까 생각되나 자신감이 없고 뛰어들 용기가 없으므로 불안에서 헤어나지 못 합니다.

나 자 신을 털어놓고 인정받고 싶으며 기독교 복지시설 같은 데서 나의 경험을 살려 일하고 싶습니다.

자신의 성격이 소극적이고 불안한 것에 대해 고민을 많이 해 오셨군요. 자신이 좀더 적극적이고 배짱 있는 사람이기를 원하시는 모양이군요. 말씀을 들으면서 자신을 위해 부단히 노력하시는 모습이 눈에 보이는 것 같습니다. 그 오랫동안의 자신과의 싸움에서 아직도 노력하고 새로운 길을 찾아보시려는 그 수고와 노력 위에 우리 주님께서 힘과 용기를 주실 것입니다.

선생님께서 자신이 자신감이 없고 남의 눈치를 보며 불안, 공포, 긴장감 때문에 대인관계가 안 된다고 하셨는데 그 점은 조금 이해가 가지 않습니다.

남의 눈치를 보는 것 때문에 어떻게 대인관계가 잘 안됐을까요. 사람들은 그런 성격의 사람을 대개는 좋아합니다. 왜냐하면 자신을 편안하게 하기 때문이지요. 예수 그리스도께서도 우리 인간의 죄를 혼자 지시고 십자가에서 돌아가셨기 때문에 그를 믿는 모든 성도들이 그분의 사랑을 항상 눈물로 기억하고 그 사랑을 닮으려고 애를 쓰는 것도 이러한 측면에서 이해할 수 있을 것입니다.

선생님을 바라보는 주변 분들은 선생님을 어떤 분으로 이야기할까요? 선생님이 자신에 대해 이야기하고 있는 것과 아주 다른 지도 모릅니다.

대인관계에서도 어느 정도 기술이 필요합니다. 이는 복지시설에서의 봉사로 얻어지는 것은 아닙니다. 오히려 봉사 이전에 가까운 생활 속에서 봉사 연습을 해보시기를 권하고 싶습니다.

사람들이 모이는 많은 행사들이 있을 것입니다. 특히 교회에서 행사가 많이 있을 것입니다. 그 행사에서 마치 복지시설에서 봉사하는 마음으로 한번 봉사 연습을 해보십시오. 청소, 행사장 꾸미기, 정리, 트리장식 등 그리고 나서 그 결과를 가지고 상담실에 오셔서 한번 상담하시기를 권합니다.

두 번째로 권하고 싶은 것은 대인관계훈련, 혹은 감수성훈련에 참석하시기를 권하고 싶습니다.
서로가 서로를 존중하는 입장에서 진지하게 만나고 대화하면서 태도가 사람들에게 어떤 느낌을 갖게 하는가를 진심으로 나눌 수 있는 기회를 가져보시는 것입니다. 인간은 만들어진 존재가 아니라 만들어지는 존재(Becoming person)라고 합니다. 한 가지 드리고 싶은 말씀은 영적인 세계란 육체적인 세계에서 자신 없는 사람들이 피해 들어가는 세계가 아니라 세상 적인 세계에 자신 있는 사람이 이보다 더 큰 영원한 세계를 위하여 육체적인 자신을 포기함으로 들어가는 세계입니다.

민저 교회에 가셔서 예수 그리스도를 통해 주시는 진리와 사랑을 의심 없이 받아들이게 된 이후에 들어가실 수 있는 세계입니다. 먼저 단 한번 유일하게 주신 선생님의 생명을 소중히 가꾸는 일부터 시작하시기를 권합니다.

14. 히스테리성 여인을 주의하라

　　　　당나라 때 그 찬란한 문화를 세계에 떨치도록 했던 영웅 현종이 자신의 며느리로 들어온 양귀비에 사로잡히게 된다. 후세 사람들이 양귀비가 히스테리성 여인이었을 것으로 추정하는 사람들이 많다. 우리가 제도화된 의식으로 현종을 바라본다면 그는 직무를 유기하고 풍속을 문란케 한 그리고 색정에 탐닉한 실패한 영웅임에 틀림없다. 그러나 상대적으로 양귀비 같은 여인이 히스테리성 성향을 드러내고 교태를 부리면 어느 누가 자신을 지킬 수 있을 것인가?

　어떤 교회 중년의 목회자가 이런 유의 여인을 만났다. 첫날 등록하는 날부터 그 모습이 예사롭지 않고 이후 계속해서 목회자와 가까워졌다. 목회자는 그 여인의 뜨거운 호소와 배려에 감동을 받았다. 설교시에 강단을 응시하고 때로는 울고 손수건으로 눈물을 닦고 마치고 인사 때는 악수를 청하고 허그를 시도하기도 했다. 선물, 식사대접 등으로 둘 관계가 가까워지는데 아무래도 이상한 것 같아 상담을 청해 왔다. 마침내 히스테리성 여인임을 알고 관계를 주의하니까 그 다음 주부터 출석을 하지 않게 되었다.

　도시에 히스테리성 인격 장애자들이 증가하고 있는 추세다. 그들은 흥분을 잘하고 감정적인 사람들로서, 다양하고 극적이며 외향적이며 자기주장적, 자기 과시적이며 허영심이 많다. 다른 사람들의 관심과 주의를 끌기 위해 과장된 표현을 하지만 실제로는 의존적이며 무능하며 지속적으로 깊은 인간관계를 갖지 못한다. 그러나 상대는 그들의 매력에 묘하게 끌려들어 가게 된다.

여자들에게 더 많이 발병하는 것으로 알려져 있으며 알코올리즘과 신체화 장애와 관련이 높다는 통계가 있다. 특히 혼기를 놓친 여인들에게 흔히 발견되며 교회 안에도 예외는 아니다.

여자들에게 더 많이 발병하는 것으로 알려져 있으며 알코올리즘과 신체화 장애와 관련이 높다는 통계가 있다. 특히 혼기를 놓친 여인들에게 흔히 발견되며 교회 안에도 예외는 아니다.

여기서 잠시 큰 틀에서 문제를 봐야 할 것 같아서 정리를 하고자 한다. 성인들의 정신적인 문제나 청소년들의 정신적인 문제의 공통적인 뿌리가 있다. 그것은 부모로부터 수용되어지고 그들이 부모에게 필요로 하는 애정과 관심 그리고 욕구에 대하여 제대로 공급을 하지 않거나 그것에 대하여 이상한 쪽으로 다루게 되면 이러한 문제들이 생긴다는 것이다. 현대의 엄청난 정신적 문제는 교회 안에서나 가정 사회에서도 어두운 그림자처럼 영향을 끼친다. 문제의 근본적인 문제는 유전적인 문제보다 부모가 자녀를 사랑과 애정 그리고 욕구에 대하여 너그럽고 만족하게 하고 행복을 누리게 해야 한다는 것이다.

히스테리성 인격 장애의 증상은 여러 가지이다. 무엇보다 자신에게 주의를 끌기 위한 행동이 심하다. 사고와 느낌을 과장하여 자세히 보지 못하면 끌려들게 될 정도다. 그러나 감정 표현은 바라던 목표를 성취하기 위한 도구로 사용할 뿐만 아니라 원치 않는 현실적 책임이나 불쾌한 내적 정서를 피하려는 수단으로 이용하기 때문에 감정 자체가 피상적이다.

그래서 매력적이고 사귀기 쉽지만 대인관계에서 깊고 가까운 관계를 오래 지속하지는 못한다. 이들은 가벼운 자극에도 지나치게 반응하는데 눈물이 많고 교태도 잘 부린다. 그런데 그 감정이 지속적이지 못하고 변덕스럽다. 불만스러운 일이 있으면 울음, 비난, 자살 소동으로 상대방에 죄책감을 일으켜 조종하려 하기도 한다. 대인관계에서도 자기 요구만을 들어주기 원하는 이기적인 사람이다.

대체로 성인으로서 성적으로 매력이 있어 보이고 애교가 있고 옷차림이나 겉모양으로는 유혹적이고 자극적이며 성적 분위기를 다분히 풍긴다. 대학생 가운데도 이런 사람은 늘 연인들을 달고 다니지만 결코 오래 가지는 못하는 경우를 많이 봤다. 겉모습이나 과장된 표현에 매료되어 관심을 갖고 다가서지만 실제로는 회피적이며 불감증인 경우가 많다. 이성 관계에서도 낭만적인 환상에 잠시 빠져들었다가도 곧 싫증을 내고 중단해 버리는 경우가 많다.

청년기에 주로 시작되며 다양한 상황에서 나타나는 과도한 감정 표현과 주의를 끄는 지속적인 형태로 다음과 같은 양상들을 나타낸다.

(1) 계속해서 재확인, 애정, 칭찬을 찾거나 요구한다.

(2) 외모나 행동에서 부적절하게 성적으로 유혹적이다.

(3) 신체적인 매력에 지나치게 관심이 많다.

(4) 부적절하게 파장되게 감정을 표현한다. 예를 들면 늘 만나는 사람을 지나친 열정을 가지고 껴안는 것, 별로 슬프지 않은 일에 자기 통제를 잘못할 정도로 흐느껴 울음, 이치에 닫지 않는 분노의 폭발 혹은 떼씀.

(5) 관심의 대상이 되지 않는 상황에 있는 것을 불편해함.

(6) 빠른 속도로 변화하고 피상적으로 표현됨.

(7) 자기중심적이고 즉각적인 만족을 얻는 쪽으로 행동함. 지연된 만족의 좌절에 대해 견디지 못함.

(8) 지나치게 인상적이고 세밀함이 결여된 형태의 언어(예 : 어머니에 대해 서술하라는 질문을 받으면 단지 그녀는 아름답다고 말한 후 입을 닫음).

나이가 듦에 따라 증상이 다소 감소한다. 이 히스테리성을 치료하지 않고 상담받지 않은 채로 두면 그들의 노후가 아름답지 못한데 감각을 추구하기 때문에 나중에 법을 위반하는 일, 약물남용, 성문란 등에 빠지기 쉽다. 또한 주변에 사람들이 대부분 떠나고 외롭게 가을밤 여치 같은 신세로 전락할 가능성도 있다.

15. 현실(reality)에서 철수(withdraw)한 사람들

부모와 다툼 등 가족과의 갈등이 정신분열 환자들이 지각하는 스트레스 중 가장 큰 요인으로 나타나 환자에 대한 가족의 태도에 치료진의 개입이 필요한 것으로 지적됐다.

우리나라의 정신분열 환자들은 부모와의 다툼이나 가족 내 갈등 때문에 스트레스를 받는 경우가 제일 많았으며 다음으로 승진 누락 등 직장 문제, 그리고 망상을 포함한 비현실적인 사고 내용 순으로 스트레스를 받고 있는 것으로 나타났다.

정신분열증은 매우 심각한 질병으로 치료하기도 가장 힘든 정신질환이다. 정신분열증의 치료는 다른 질병보다 매우 다양하면서도 결과를 확정 지을 수 없는 어려운 질병인 것 같다. 여러 가지 유형의 치료법이 채택되고 있지만 그 가운데서 심한 환자를 성공적으로 치료할 수 있는 방법은 하나도 없다.

경험이 많은 상담자들은 어떤 환자들에게는 지지치료와 약물치료를 동시에 할 때에 효과가 있다는 것을 보고하고 있다. 또한 환자와 상담자의 신뢰관계가 밀접할 때에 환자 내부에서 느끼는 감정들을 자유로이 표현할 수 있다.

정신분열증의 주된 장애가 현실(reality)에서 철수(withdraw)했거나 하는 증상이기 때문에 상담자는 환자로 하여금 현실에서 회피하는 근본적인 이유를 이해하도록 하며, 이 원인 극복을 시도하도록 하는 것이 상담자의 주된 역할이다. 가장 중요한 치료 초기 단계는 환자의 완전한 신뢰감(trust)을 얻는 것이다. 이 신뢰감이 무너지면 공감대 형성에도 실패하게 된다. 그렇게 되면 정신분열증 환자와는 관계가 겉돌기 시작하고 결국 치료에 도움이 되지 못한다.

흔히 정신분열증 환자는 다른 사람을 신뢰할 능력이 없고, 또 다른 사람에게 의지할 능력도 없기 때문에 이것은 상당히 어려운 일이다. 그래서 상담만으로 치료되기 어려운 한계점도 있다.

정신분열증 환자는 사람들 가운데서도 고립된 것을 느낀다. 결과적으로 그는 고독감과 두려움을 가지고 자기 자신 속으로 위축(withdraw)되어 버린다. 이 위축된 마음을 편하게, 드러나게 해야 한다. 자신이 믿고 신뢰하는 사람에게는 자신의 속마음을 보이기도 하며 도움을 청하는 경우도 종종 있다. 이 환자는 인간관계의 측면에서는 타인에게 의존할 수가 없으나 상담자가 깊은 사랑(loving)을 가지고 모든 것을 수용(accepting)적인 태도로 대하면 환자는 대개 반응을 조금씩 보이기 시작한다.

환자가 상담자를 믿으며 신뢰할 수 있게 될 때 다른 사람들에게도 좀 더 정상적으로 원만하게 반응할 줄 알게 된다.

그의 이상 행동의 원인을 검토해 보는 것 역시 중요하다. 분열증 환자는 이 세상의 모든 것은 자신에게 원수로 인식하고 또한 적의에 찬 곳으로 살기에 불쾌한 장소라고 생각하고 현실(reality)에서 철수(withdraw) 하려고 하고 특히 환상(fantasy)세계에 빠져 들어감으로 그 안에서 자유와 평안을 누리려고 하기 때문에 상담에 성공하려면 그를 여러가지 기술로 현실로부터 도피하게 한 원인들을 이해시키는 것이 필요하다. 자신이 현실로 부터 도피한 근본적인 이유에 대하여 인식하기가 아주 어려워한다. 때때로 그 현실을 조금씩 인식해 나갈 때, 상당히 고통스러워하며 도피하려고 하는 행동을 여러 번 취하게 된다.

정신분열증 환자의 치료에 있어서 또 한 가지 중요한 것은 신앙 가운데서 찾을 수 있는 안정감을 깊이 이해시키는 일이다. 그는 이 세상에서의 일시적인 위기를 주안에서의 궁극적인 안정감을 통해서 극복할 수 있게 될 때, 사회로부터의 위축행동을 재평가할 수 있게 된다.

하나님의 절대적인 사랑이 그의 사고과정 속에 파고들어 환자는 그 자신과 타인에 대한 새로운 이미지(image)를 발전시킬 수 있게 되고, 결과적으로 그는 일상생활에 대해 더욱더 만족스러운 관계를 유지할 수 있게 된다.

16. 하나님 형상의 왜곡(편집성 인격장애)

편집성 인격장애(偏執性 人格障碍)가 날로 늘어가는 추세이다. 이 경우는 일반적으로 지속적인 의심과 불신을 갖는 경우이다. 이 경우에 속하는 사람들은 주로 고루한 고집쟁이, 부정행위 수집가, 배우자에 대한 병적 질투심을 갖는 자, 소송을 좋아하는 괴짜 등이다.

어느 정도 사람들에게 발생되고 있는 가는 알려져 있지 않다. 그러나 점점 늘어나는 추세며 여자보다 남자에 많은 것으로 알려져 있으며, 가족에 정신분열증 빈도가 높다. 동성애자, 소수민족, 이민자, 귀먹은 사람에게 많이 발생되는 것으로 알려져 있다. 여기서 동성애자에 대한 문제들을 조금 짚어보고자 한다.

그들은 정신적인 면에 정상인 보다 많은 문제들을 다양하게 지니고 있다. 드러난 것보다 잠재된 위험인자가 더 많다. 그러나 이것을 인권적인 측면에서만 강조하다 보니 미국이나 한국에서 이들에게 많은 자유와 권리를 줌으로 세상은 혼란에 빠져들고 있다. 그들을 진정 사랑한다면 그들의 그러한 성향을 회복할 수 있는 구조를 만들어 주는 것이다.

만약 그들이 원하는 대로 나아간다면 이것은 다분히 상상할 수 없는 또 다른 문제와 비정상적인 사회구조로 나아가게 된다. 특히 잠재적 동성애 기질을 갖고 있는 약 10%의 사람들은 자신이 노력하고 사회가 도와주면 정상적인 삶을 사는데 전혀 문제가 없다. 그러나 이들에게 자극을 주면 그들은 불행하게도 인생을 혼란 가운데로 들어가게 된다.

몇몇 연구에 의하면 편집성 인격장애는 일생 동안 지속된다고 하기도 하며 정신분열증의 전조라고도 한다. 또 다른 의견은 그들이 성숙함에 따라서 혹은 스트레스가 줄어듦에 따라서, 편집성 경향이 반동형성, 적절한 도덕적 관심, 또는 애타주의적 관심을 가지는 방향으로 완화되기도 한다는 견해도 있다.

편집성 인격장애는 어린 시절 불합리한 부모의 엄청난 분노에 짓눌려 성장하면서 자신과 그들의 부모를 동일시함으로써 그 분노를 다른 사람에게 투사하게 된 결과로 나타난다.

여기에 나타나는 증상으로는 타인의 행동을, 의도적으로 자기를 기죽이려는 행동이나 위협하는 행동으로 해석한다. 늘 남들이 자신을 괴롭히고 착취하고 해치려 한다고 예상한다. 정당한 이유 없이 의심한다. 질투도 심하다. 제한된 정서반응을 보이는 바 늘 긴장되어 있고 냉담하고 무정한 면이 있고 자만심을 보이며 유머감각이 결여되어 있다.

사람들의 행위를 계획적으로 자신의 품위를 손상시키거나 위협하는 것으로 받아들이는, 만연되어 있으며 옳지 않은 경향으로, 청년기에 시작되며 여러 상황에서 나타나고, 다음 중 최소한 4가지 항목으로 나타난다.

(1) 충분한 근거 없이 자신이 타인에 의해서 관찰되거나 피해를 받고

있다고 생각함.

(2) 정당한 이유 없이 친구들이나 친척들의 충정이나 신용상태를 의심함.

(3) 보통 악의 없는 언급이 사건에 대해 숨겨진 의미나 위협적 의미가 있는 것으로 해석함.

(4) 원한을 품거나, 무례함이나 무시하는 것을 용서하지 않음.

(5) 어떤 정보가 자신에게 나쁘게 이용될 것이라는 잘못된 두려움 때문에 다른 사람에게 비밀을 털어놓기를 꺼림.

(6) 쉽게 무시당하고 있다는 생각이 들며 거기에 대해 곧 화를 내고 반격함.

(7) 정당한 이유 없이 배우자나 애인의 정절을 의심함.

이제 편집성 인격장애자를 어떻게 도와야 할까?

편집성 인격장애 환자의 상담에는 언제나 정중하고 솔직하며 존중하는 자세를 갖고 환자를 대하여야 한다. 환자의 지나온 날들 속에서 불안하게 형성되어있는 심층에 놓여 있는 의존성이나 성적 관심 또는 친밀감의 욕구를 깊이 분석해 들어가는 것은 환자의 불신감을 조장할 수 있다. 환자가 망상적 비난을 할 때에는 이를 현실적으로 다루어야 하지만 부드럽게 그리고 자존심을 손상시키지 않는 범위 내에서 대하여야 한다.

상담자는 환자에게 무기력하다는 인상을 주어서도 안 되며 그렇다고 너무 위압적이거나 위협적인 태도를 취해서도 안 된다. 격정, 불안이 심할 패 의학적인 치료를 동시에 진행하는 것이 좋다.

무엇보다도 편집성 인격장애 환자는 '하나님의 형상'의 왜곡이라는 근원적 원인을 직시해야 한다. 편집적 양상의 기저에 자리 잡은 죄로 인한 상처의 치유는 상담자의 우선적인 배려의 대상이어야 한다.

17. 정신장애보다 더 무서운 인격장애

　　　　정신병을 가진 사람과는 살아도 인격장애자와는 살 수 없다는 얘기를 상담 중에 듣고 충격을 금할 수가 없었다. 곰곰이 생각해 보니 그 부인의 말에는 통찰력이 있었다. 인격장애는 하루아침에 형성된 것도 아니며 단순한 환경이 아닌 복합적 환경에서 형성되었기 때문이다.

　인격장애(人格障碍)란 한 개인이 지닌 지속적이고 일정한 행동양상 때문에 현실에 적응하는 데 있어서 자신에게나 사회적으로 주요한 기능장애를 초래하는 되는 이상성격의 양상이라 정의할 수 있다. 그들의 인격장애는 깊이 체질화되어 있고, 확고하여 융통성이 없고, 자신과 환경에 대해 지각하거나 관계 맺음에 있어 비적응적 양상을 보인다. 타인에 대한 배려나 이해심이 없어 대체로 관계되는 사람을 화나게 만들고 결국 관계악화라는 악순환을 되풀이한다. 일과 사랑하는 일에 능력이 부족하다. 신경증과 다른 점은 신경증 환자들의 증상은 환경에 대해 자신을 변화시키는 자기수식적(自己修飾的)반응의 결과이고 증상을 자아가 용납하지 않는 자아–이질적(自我–異質的)인 특징이 있어 환자들이 정신과적 도움을 스스로 받고자 하는 경우가 흔하다. 이와 달리, 인격장애자들은 그들의 증상이 사회에 미치는 영향을 인식하지 못할 뿐 아니라 그들의 증상이 자신에 맞추어 환경을 바꾸고자 하는 환경수식적(環

境修飾的)이고 증상이 자신이 용납하는 자아동조적(自我同調的)인 특징이 있어 스스로 정신과적 치료를 받고자 하지도 않는다는 점이다. 의사가 그들의 성격 방어를 지적하려 하면, 불안해하며 피하려 한다.

원인으로는 다음과 같은 요인에서 발생된다.

(1) 생물학적 요인들

유전적 요인이 많이 연구되고 있으며 특히 쌍둥이 연구가 주목된다 A집단(편집성, 분열성, 분열형), 특히 분열형 인격장애환자의 가족에 정신분열증이 많다. B집단(히스테리성, 자기애적, 반사회적, 경계형)의 가족 중에는 반사회적 인격장애와 알콜리즘이 많고, 특히 경계형 인격장애의 가족에 정서장애가 많다. 또한 히스테리성 인격장애는 신체화장애(Briquet증후군)와 관련이 높다. C집단(강박성, 수동공격성, 의존성, 회피성)중, 강박성향은 일란성 쌍둥이간의 일치율이 이란성 때보다 높고 특히 우울과 관련이 있다. 회피성 인격장애는 불안 성향이 높다. 어릴 때부터의 기질도 성인의 인격장애와 관련이 있는데, 예를 들어 어려서 공포심이 많았던 사람은 회피성 인격을 가질 수 있고, 나중 반사회적 및 경계성 인격장애가 되기 쉽다.

(2) 심리학적 요인들

프로이드는 인격성향을, 충동과 환경 사이의 상호작용의 결과로 그리고 정신사회적 발달단계 중 어느 한 단계의 고착된 결과로 보았다. 그리하여 그는 구강적 성격(수동적, 의존적, 과도히 먹는, 물질남용 성향), 학문적 성격(세심, 인색, 정확성, 완고성), 강박성 성격(완고, 강한 초자아), 자기애적 성격(공격적, 자기위주)을 구분하여 기술하였다.

따라서 인격장애 환자들을 돕기 위해서는 방어기제에 대한 지식이 필요하다. 즉 겉으로 드러난 인격 양상의 배후에 있는 진실한 성향과 그것을 방어하고 있는 기제를 분석할 수 있어야 한다. 예를 들어 편집성 인격장애 환자가 독립성을 우기고 있으나, 환자의 내적 진실한 모습은 의존성이지만 투사로서 이를 감추고 있는 것이다. 분열성 인격장애에서는 공상이 주로 사용되고, 히스테리성 인격장애에서는 해리와 부정이 주로 사용되며, 강박성 인격 장애는 고립이 주로 사용된다. 투사, 건강염려, 분리, 행동화 등도 흔히 사용되는 방어기제들이다.

(3) 사회문화적 요인

인격장애는 불우한 가족관계에서 많이 나타나는 경향이 있다. 어린이의 기질과 부모의 육아 방식이 조화되지 않으면 문제가 생기기 쉽다. 공격성이 장려되는 문화에서는 편집성 및 반사회적 인격장애가 나타나기 쉽다. 물리적 환경도 문제가 될 수 있는데 밀폐된 환경, 과밀한 환경은 소아를 공격적이며 부산스럽게 만들기 쉽다.

4부
충동과 조절장애

1. 도박 공화국

화투(花鬪-花套)는 개화기 때 건너온 일본 도박 카드다. 이 화투도 일본 고유의 것이 아니라 16세기에 포르투갈 상인들이 전래시킨 48매 일조(一組)의 서양 트럼프가 그 뿌리다. 이 포르투갈 트럼프로 패가망신한 사람이 무척 많았던지 강호막부(江戸幕府)에서는 대대적인 금령(禁令)을 내리고 이 카드를 보는 족족 수거하여 만인이 보는 앞에서 태우곤 했던 것 같다.

이 포르투갈 카드로 놀 수 없게 되자 모방에 능수인 일본 사람들은 하트, 다이아몬드, 클로버, 스페이드의 네 기호와 숫자를 변형, 춘하추동의 화조풍월(花鳥嵐月)로 바꿔버린 것이 바로 화투인 것이다. 그것이 19세기 중반의 일이요, 트럼프나 화투 장 수가 똑같이 48매인 것도 그 뿌리가 같기 때문이다.

그렇다면 화투의 뿌리가 서양(西洋)카드라면 그 서양 카드의 뿌리는 어느 나라가 원류일까. 이에 대해 세 명의 학자가 고증해 놓고 있다.

P. 아놀드는 그의 '도박 백과(賭博 百科)'라는 논문에서 최초로 카드를 사용한 것은 한국이며 화살 그림을 그린 갸름한 카드 곧 투전이 카드의 시조(始組)라 했다. 극동 여러 나라의 유희를 조사한 브루크린 박물관장 S. 크린의 보고서(報告書)에도 한국의 투전을 서양 카드의 뿌리로 추정해 놓고 있고, B. 이네스도 이 세상 최초의 카드는 한국의 투전이 아니면

중국의 화폐, 인도의 장기 가운데 하나일 것이라고 했다.

이 학자들의 추정이 들어맞는다면 화투는 온 세계를 한 바퀴 돌아 고향에 원점회기(原點回歸)를 한 셈 이 된다.

투전놀이 방법에도 '동동', '찐붕어', '엿광메', '소몰이' 등 여러 가지가 있는데, 소몰이가 요즈음 화투 놀이의 고스톱과 구조적으로 흡사하다는 것은 흥미 있는 일이 아닐 수 없다. 고스톱에서 고!'할 때 소몰이에서는 '이랴!'하고 '스톱!'할 때 '워!' 한다. 소를 몰 때 '이랴!'하면 고를 뜻하고, '워!'하면 스톱을 뜻하기에 '소몰이' 가 된 것일 것이다.

우리나라에 고스톱 공해(公害)가 심각해져 있음은 바로 수천 년 만의 원점회귀(原點回歸)를 한 때문일까, 일이 파한 직장에서, 파리 날리는 점포에서, 터미널 구석에서, 식당에서, 복덕방에서, 정자나무 밑에서, 다리 밑 그늘에서, 기차간에서, 등산길에서, 심지어는 로스앤젤레스공항의 대합실 바닥에서까지 시간만 났다 하면 고스톱 판을 벌이고 있다.

투전하면서 마치 소를 몰고 일이라도 하는 것처럼 '소몰이' 라는 미명을 붙였듯이 고스톱도 '실내(室內) 테니스'라는 미명을 붙이고 있다. 방석이나 신문지가 포터블 테니스 코트요, 화투짝이 무반동(無反動) 테니스볼인 것이다. 옛날 명률(明律)에 투전하는 사람이나 판을 빌려준 사람, 개평 뜯는 사람, 뒷돈 대주는 개전노(介錢奴), 보고도 고발하지 않은 사람은 태(笞) 80으로 처벌한다 했는데, 우리나라도 많은 사람이 보는 앞에서 '실내(室內) 테니스'를 하는 사람에게만은 우선 제재가 가해져야 하지 않을까 싶다.

어른들이 이렇게 화투에 열광하면 과연 그 자녀들에게는 어떤 현상이 일어날까? 어른들의 도박이 사회문제화 하고 있는 가운데 최근 초등학교 아동들 사이에서도 포커 게임을 흉내 낸 일본 그림카드 놀이가 크게 성행하고 있다. 초등학생들 사이에 '선풍적인 인기'를 끌고 있는 그림카드 놀이는 폭력과 살상 등을 강조하고 있는 카드로 돈을 걸거나 각종 내기를 해 어린이들의 정서교육에 엄청난 악영향을 미치고 있는 것으로 지적되고 있다.

초등학교 아동들 사이에 성행하고 있는 일제 카드놀이는 1인당 6장씩 카드를 나눠 가진 뒤 자기카드 중 카드 앞면에 표시된 '전투력 점수'가 가장 높거나 낮은 카드 중 1장을 선택, 승자를 결정하는 방식으로 성인용 포커놀음의 일종인 속칭 '하이 로우' 게임을 그대로 본딴 것. 어린이들은 이 카드놀이를 통해 실제로 내기를 하거나 연필 지우개 등 학용품을 주고받는 '도박'을 하고 있다는 것이다.

서울시내 일선 초등학교 교사들에 따르면 요즘 쉬는 시간만 되면 한 학급에 10~20명씩 이 놀이를 즐기고 있으며, 심지어 수업시간에도 교사들의 눈을 피해 이 카드놀이에 몰두하는 경우마저 있다는 것.

도박은 일종의 정신적인 질병이다. 아니 충동 조절 장애라고 해야 한다. 도박(賭博)을 하고 싶은 욕망을 억제하지 못하며 반복적, 만성적 그리고 점진적으로 도박을 하려는 충동을 억제하는데 실패하는 경우이다. 그 결과 개인 자신이나 가정 또는 직업생활에 해를 끼치고 파탄을 가져온다. 정신적인 스트레스가 있을 때는 더욱 심해진다.

이들은 반복되는 도박으로 인하여 빚을 지기도 하며 가정과 직장에 대한 책임이 없고 불법적인 방법으로 도박자금을 마련하기도 한다.

발병빈도는 정확히 알 수 없으나 미국에서는 일반 인구의 2~3%라 한다. 우리나라에서는 약 3%로 보고되고 있다. 남성에서 여성보다 많으며 발병 연령은 사춘기이다. 병적 도박은 가족력과 관계있는 것으로 보고 있으며 남성은 아버지의 병적 도박과, 여성은 어머니의 병적 도박과 연관성이 많다.

도박자의 부모에 알코올 의존이 많다. 남자에서는 사춘기 때, 여자에서는 중년기 때 흔히 시작된다.

다음과 같은 3단계를 볼 수 있다. 첫째, 도박에서 일단 손을 떼지만 돈을 딴 재미에 다시금 도박에 말려들게 된다. 둘째, 점차 돈을 잃는 단계로 모든 일상생활을 도박 중심으로 꾸려나가 가산을 탕진하고 직장이나 직업을 잃게 된다. 셋째, 절망적 단계로 좀 더 많은 돈을 걸고 도박에 미친 듯이 빠지게 되며, 빚도 갚지 않고 고리대금업자에 말려들게 되고 횡령도 하게 되어 결국 범법행위로 교도소생활을 자주 하게 된다.

대개 이렇게 되기까지 15년이 걸리나, 1~2년 만에 그렇게 되는 수도 있다.

문제는 가려져 있지만 일부 성직자들도 이 화투를 좋아한다는 사실이다. 여기서 머물지 않고 도박장으로 진출하기도 하여 물의를 일으키는 경우가 생기고 있다. 그것이 오락이나 취미 정도라고 하지만 아무도 모르는 일이다. 그러한 과정 속에서 정말 꾼으로 변해 갈지도 모른다. 충동조절 장애가 있는 사람은 이러한 환경에 노출될 때 그 호기심과 끌림이 마치 자석에 쇠붙이가 끌려가는 것처럼 된다. 물론 충동조절 장애를 치료하는 일이 중요하다. 그러나 그러한 환경을 만들지 말고 멀리해야 한다.

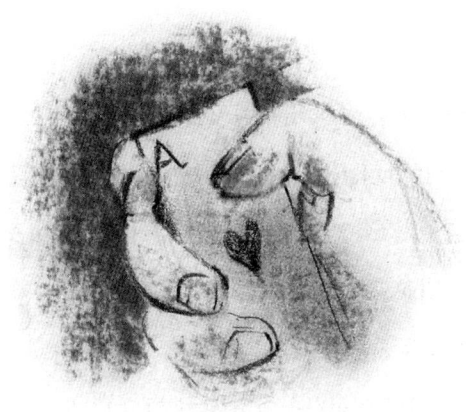

2. 하나님은 노름을 안 하지 않는가

카지노라면 일반인들에게는 생소하다. 도박장임에는 틀림없는데 그 장면은 외국 영화에서나 가끔 보았을 뿐이다. 모나코, 미국, 마카오 등의 카지노는 세계적으로 유명하다. 카지노는 "작은 집"이라는 이탈리아어가 어원이다. 18, 19세기에 유럽의 여러 왕국이 재원을 충당키 위해 개설을 시작했으나 그 뒤 "악덕의 온상"이라는 이유로 금지되었다.

1861년에야 몬테카를로(모나코왕국)의 카지노가 처음 개설되고 미국에서는 1931년에 개설, 현재 라스베이거스에는 대규모 카지노가 있다. 각국의 재산가들이 마치 자신의 부를 과시라도 하듯 단 몇 시간 만에 수천 수백만 달러를 뿌리고 간다. 늘 수천만 달러의 판돈이 뒹군다.

슬롯머신과는 비교도 안 되는 본격적인 도박이다. 우리나라에 카지노가 처음 등상한 것은 5.16이후 당초 명분은 외국인 상대로 외화를 번다는 것이었으나 도리어 외화반출의 창구가 되고 탈세 탈법 등 비리의 온상이 되고 있다. 연간 매출액이 1조원이라면 엄청나다. 슬롯머신이 "황금 알을 낳는 거위"라면 카지노는 "황금 알을 낳는 공룡"으로 비유된다.

이런 거대한 이권 뒤에는 불법 탈법에 의한 거래가 있게 마련이며, 탈세, 비호세력의 의혹이 짙다. 걸핏하면 세무조사를 한다면서 세금포탈 개연성이 큰 카지노에는 제대로 조사를 한 일이 없었다는 것부터가 이

상하다. 또한 일반인들의 화투놀이는 단속하면서 공인된 도박장이라 해도 그 내부의 부정 비리가 단속의 대상에 떠오른 일이 한 번도 없었다는 것도 이해가 안 간다.

동아시아에서 카지노를 허가하고 있는 나라는 한국을 빼면 마카오 홍콩뿐이다.

원래 이들 나라는 도박과 관광으로 알려져 있다하더라도 우리의 처지로는 슬롯머신이나 카지노는 백해무익이다. "악의 온상"은 송두리째 뽑아 버리는 게 좋다.

"하나님은 노름을 안 하지 않는가." 아인슈타인이 말했다. 그렇다, 하나님은 무슨 패가 돌아갈지 미리부터 다 알고 있으니 도박 같은 건 할 필요가 없다. 어리석게도 인간은 한치 앞을 내다보지 못해 돈을 걸고 승패를 가리려 한다. 도박은 처음에는 오락으로 시작해도 알코올이나 마약처럼 중독되기 쉽다.

중독의 수렁에서 영영 헤어나지 못하고 패가망신한 예가 얼마나 많은가. 알코올이나 마약처럼 끊기 어려운 게 도박이다. 그 도가 지나치면 일종의 정신질환이 된다. 임종이 가까운 환자에게 의사가 "내일 아침 8시를 넘기기 어려울 거요!" 하자 "선생님, 그럼 내기할까요? 9시까지 제가 살면 5기니를 내셔야 합니다."

유명한 도박사가 남긴 일화인데 이쯤 되면 제정신이 아니다 문제는 알코올이나 마약은 자신의 몸을 망치는데 그치지만 상습도박은 많은 피해자를 내기에 더욱 심각하다. 도박은 결국에는 많은 것을 잃을 뿐이다. 부처는 일찍이 불경에서 도박의 육실을 경고했다.

즉, ①이기면 상대방이 앙심을 품고 ②지면 자신의 마음이 멍들고 ③재물의 손실은 피할 수 없고 ④법정에서는 그의 말을 믿지 않고 ⑤벗들로부터 멸시 당하고 ⑥혼인을 거절당한다는 것. 도박이 얼마나 사람을 비참하게 만드는 가를 알 수 있다.

한데 어쩐 일인지 요즘 우리나라에는 도박 열병이 온 나라를 휩쓸고 있다. 장소를 가리지 않고 앉았다 하면 "섰다"요, "고스톱"이다. 로마제국이 망한 것은 과소비와 목욕(나태와 성적 타락)과 도박 때문이었다고 한다. 도박에 열중하는 현상은 망국적인 조짐이라 하지 않을 수 없다.

근년에 스리랑카와 싱가포르는 정부에서 도박행위를 엄중히 금지시켰다. 우리도 법규를 좀 더 강화할 필요가 있을 것 같다.

도박광은 스스로 치료를 받고자 하는 경우가 거의 없다. 상담치료가 현실 평가능력을 키우는 데 얼마간 도움은 되지만 특이한 치료법으로 알려진 것이 없다. 어떤 경우 약 3개월의 입원으로 격리하면 빙식이 생기는 데 이때부터 통찰적 정신치료를 시행해 볼 수 있다.

상담에서 도박광은 내담자로 하여금 성령의 은혜 속에 머물게 하도록 유도되어야 한다. 성령의 은혜는 인간의 절제능력을 고양시키고 모든 악한 습관으로부터 완전히 격리시킬 수 있기 때문이다.

3. 네로의 후예들

어떤 충동을 억제하지 못하여 반복적으로 일을 저지르기 때문에 개인이나 가정 또는 직장생활에 해를 끼치고 파탄을 가져오는 병을 충동과 조절장애라고 말한다. 모든 정신적인 건강이 완벽해도 이 기능에 문제가 있다면 아마도 성능 좋은 자동차의 브레이크가 제대로 작동되지 않는 것과 같은 것이다. 그래서 성령의 아홉 가지 열매 중 절제가 가장 마지막에 등장하는 이유도 그만큼 중요하다는 사실을 증명하는 것이 아닐까?

조절과 충동의 장애의 예를 들면 노름을 하고 싶은 충동을 억제하지 못하고 상습적으로 도박을 하는 병적도박증, 남의 물건을 훔치고 싶은 충동을 견디지 못하는 병적도벽증, 불을 지르고 싶은 충동을 억제하지 못하고 반복적으로 방화를 하고 불타는 것을 봄으로써 극치감을 느끼는 병적방화증, 전해지는 얘기를 보면 로마의 폭군 네로황제가 여기에 속한다고 한다. 공격적인 충동을 견디지 못하고 남에게 폭력을 가하는 폭발성장애 등이 대표적인 경우들이다.

이런 장애들은 자신이나 타인에게 해가 될 만한 행동을 하려는 충동이나 유혹을 억제하지 못하며 행동을 충동적으로 저지르기 전에는 긴장감이 고조되지만 일단 일을 저지르고 난 후에는 쾌감과 만족감 또는 해방감을 느낀다는 공통적인 특징이 있다.

이런 행동들이 정신적인 병으로 인식된 것은 이미 오래 전이지만 아직까지는 뚜렷한 치료대책이 없다. 그런데 요즈음은 이런 충동조절 장애적인 요소가 인간의 심성에 아주 보편적으로 광범위하게 퍼져 가고 있다는 데에 심각한 문제가 있다.

술을 절제하지 못하고 과음에 폭음을 하는 것, 청소년 사회에 심각하게 번져 가는 환각제 복용과 본드 흡입, 사소한 일에도 좌절하고 자살충동을 이기지 못하는 것, 상습적으로 아내를 구타하는 것, 어른 아이 할 것 없이 성충동을 억제하지 못하고 폭력적인 방법으로 해소하는 성범죄 등 모두가 충동조절장애라고 볼 수 있다.

충동을 조절 못하는 현상은 여러 사회현상에서도 만연되어 있다. 물건을 사고 싶은 충동구매를 조절하지 못하여 나라 경제가 휘청거리고 있으며 의사관철이 안되면 각목 들고 거리로 나서거나 남의 사업장을 점거해서 떼를 쓰는 고질적인 현상도 모두 집단적인 충동조절장애라고 볼 수 있다.

충동은 행동하려는 경향으로, 행동함으로 본능적 욕구의 억압에 의한 긴장과 본능적 욕구에 대한 자아방어기제의 약화로 생긴 긴장을 해소시키려는 것이다. 대개 그 행동에는 충동만족과 그에 대한 징벌까지 포함되어 있다(폭행에 대한 처벌, 도박에 대한 재산손실 등).

약물의존이나 성적 변태도 충동조절이 장애된 경우이지만 충동조절장애란 이런 것들에 해당하지 않는 다른 모든 충동조절장애들을 통틀어 일컫는다.

이들은 다음과 같은 특징이 있다. 첫째, 자기 자신이나 타인에게 해가 될 만한 행동을 하려는 충동, 욕구, 유혹을 억제하지 못한다(환자들은 이 충동을 의식적으로 억제할 수도 안 할 수도 있고, 그런 행동을 계획할 수도 안 할 수도 있다). 둘째, 충동적 행동을 저지르기 전까지 긴장감과 각성상태가 고조된다.

셋째, 일단 행동으로 옮기면 쾌감, 만족감, 또는 긴장으로부터의 해방감을 경험하게 된다. 이들의 충동적 행동은 자아동조적이다. 행동으로 옮긴 후에는 즉각적으로 후회감이나 죄책감을 느낄 수도 있고 않을 수도 있다.

병적 도박, 절도광, 방화광, 성의 왜곡, 중독 등이다. 원인은 대개 미상이나 생물학적·심리적·사회적 요인들이 상호 작용한 결과로 보인다. 이 모든 임상 유형들의 공통점은 긴장인데 이는 대개 본능적 욕구, 즉 성욕과 공격성에 대한 긴장이다. 프로이드는 이를 쾌락원칙과 현실원칙의 개념으로 파악하고 있다.

충동행동은 대개 처벌받는 행동도 포함되어 있어 그 원인에 죄책감도 있음을 알 수 있다. 나아가 처벌받고자 하는 욕구가 충동조절을 장애하는 경우도 있다.

정신 분석적으로 충동조절장애는 구순기에의 고착 때문이라 한다. 어릴 때 경험이 중요한데 즉 동일시 할 적절한 대상이 없을 때, 부모가 스스로 충동조절을 잘못하는 경우 이후 이 장애가 생길 가능성이 높다. 기타 가정 내 폭력, 알코올남용, 성적문란, 반사회적 경향도 원인으로 작용한다.

특정 뇌장애 때도 충동조절장애가 나타난다. 정신지체, 간질, 알코올 중독, 약물중독 등도 관련된다. 피곤이나 지속적 자극상태도 방어기제를 약화시켜 충동행동을 일으킬 수 있다.

충동조절장애는 인간에게 주어진 절제의 능력을 상실한데서 시작되는 장애이다. 그 원인은 생물학적, 사회적 요인 등이 복합적으로 작용하는 것이다.

이 장애의 치유는 다양한 접근이 가능하다. 약물치료, 행동치료, 상담치료 등은 증상과 상태에 따라 개별적 혹은 협력적으로 응용 될 수 있다.

상담학적 관점에서는 그 목표가 뚜렷하다. 인간에게 원래 주어진 조절 기능의 회복을 돕는 것이 상담이 가고자 하는 최종 목표이다. 그러나 그 방법론은 다양한 논의가 있을 수 있고 실제로 그 논의의 초점에 따라 방향이 달라지고 있다.

상담자는 인간의 조절 기능의 회복은 성령의 도우심에 따라 이루어짐을 안다. 성령의 열매는 절제를 가능하게 하고 인간의 충동을 하나님의 질서아래 굴복케 하는 힘을 공급한다는 사실을 안다. 그러므로 상담자의 상담은 인간의 충동을 절제할 수 있도록 인간회복에 초점을 두게 되는 것이다. 문제는 이 인스턴트문화 속에서 성장한 젊은 세대가 여기에 약점이 있다는 것이다. 사소한 일에도 참지 못하고 분을 발하고 부정적인 에너지로 공격하는 것을 예사로 여긴다. 이로 인한 각종 사회적 문제가 발생한다.

4. 장진주사(將進酒辭)

우리나라의 술에 관한 최초의 기록은 부여(夫餘)의 제천의식인 영고(迎鼓)때 사용됐다는 기록이다. 지금부터 2천3백 년 전쯤 일이다. 우리 조상들은 술에 풍류와 멋을 곁들여 마셨다. 술에 관한 수많은 시가가 전해오고 있지만 松狂 鄭澈의 '장진주사'(將進酒辭)는 압권이다.

'한 잔 먹세 그려 또 한잔 먹세 그려 꽃 꺾어 산(算)놓고 무진무진 먹세 그려 …' 조선시대 후기 蕙園의 풍속화첩에서는 풍류와 멋이 넘치는 술 풍경을 보여준다.

술을 마시되 주도(酒道)를 만들이 지켜왔던 선인들의 풍류스러운 멋과 흥취는 이제 찾아보기 힘들다. 맥주에 위스키를 탄 '폭탄주'를 만들어 돌리고 약자의 사정은 아랑곳없이 강제로 술을 권하고 목청이 터져라 고함을 지르고 … 흔히 볼 수 있는 술집 풍경이다.

콱 마시고 빨리 취해버리자는 폭탄주는 본고장인 군대에서 금지해 화제가 된 적도 있다.

우리 국민들은 1년에 성인 한 사람이 맥주 1백12병, 소주 67병을 마신다는 통계가 나와 있다. 성인 남자 중에는 매일 술을 마시는 술꾼이 12%나 된다. 비교적 술이 센 민족이다. 언젠가 발표된 세계 각국의 술 소비량에서 한국이 18번째를 차지한 일이 있다.

적당한 음주는 심장병에 도움이 된다는 최신 학설도 있으니 금주하라고까지 권할 수야 없는 일. 또 술이 없는 사회는 얼마나 삭막할 것인가도 생각해볼 일이다. 그러나 우리의 음주문화에서 분명 추방해야 할 잘못된 관행은 적지 않다.

간염 보균자가 국민의 10%인데 술잔을 주고받는 일, 못 마시겠다는 사람에게 굳이 술을 권하는 악취미, 2차 3차를 가야 직성이 풀리는 무절제 등이 그것이다. 며칠 전 대전의 한 대학의 신입생 환영파티에서 과음으로 신입생이 숨졌고 몇 년 전엔 술집 여종업원이 손님이 강권한 폭탄주에 목숨을 잃었다.

목숨을 담보하면서까지 술을 권해야 하는가. 이것은 야만적 음주문화다. 술이 센 것을 남자다움의 상징이나 호탕함으로 착각하는 풍토가 우리사회에 남아 있다. 옛말로 '말술을 마신다.'는 통음(痛飮)이 어찌 자랑이 될 수 있겠는가, 보건복지부는 술병에 과음에 대한 경고문을 붙이기로 했다. 절주를 권유하는 국민캠페인도 벌이다고 한다. 잘못된 음주문화를 고치는 계기가 되었으면 한다.

그럼 사람들은 왜 술을 마시는 단계를 넘어 술에 빠지고 술로 인한 삶이 파괴되는 것일까? 정상적인 사람이 볼 때 자신과 가정을 파괴시키고 자녀들의 정신을 황폐화시키는 이해할 수 없는 모습을 보곤 의구심을 갖는다. 알코올 습관성 중독의 명확한 원인은 밝혀지지 않았으나, 심리적 요인에 의한 것으로 대개 불안을 경감시키기 위해 음주한다. 특히 초자아가 강해 자기 징벌의 욕구가 있을 때 그러하다. 성격적으로 그들은 부끄럼이 많고, 외톨이이며, 불안정하고, 인내심이 적고, 예민하고 성적으로 억제되어 있다.

알코올중독자에서 우울, 망상적 사고 경향, 공격적 감정과 행위, 자존심, 책임감 및 자기 통제력의 저하를 볼 수 있다. 술은 이러한 사람들에게 성취감, 해방감, 전능 감을 준다. 중독자 중에는 성장 과정에서 조기 부모상실(사망, 별거, 이혼 등)이 많다. 부모, 특히 모친의 과잉보호에 의한 구순적 욕구의 무의식적 고무와 부친과 동기와의 갈등도 원인으로 작용한다.

어릴 때 주의력 결핍이나 반사회적 인격 장애가 있을 때, 장차 알코올중독자가 될 가능성이 높다.

여성에서는 일차적인 정동장애가 있는 수가 많으며, 남성에서는 인격장애, 특히 사회 질병적 장애가 많은 것으로 보고되었다.

사회 문화적으로 어떤 문화권에서는 음주에 대해 관대하다. 유태인, 아시아인, 보수적 신교도들은 진보적 신교도나 가톨릭교도 보다 술을 덜 마신다. 아일랜드인 이나 프랑스인에 중독자가 많다.

학습이론은 술이 주는 갈등과 불안의 감소가 알코올중독의 원인이라 한다. 특히 첫 번 음주시의 쾌감과 불안 감퇴가 이후 강화의 근원이 된다.

유전적 요인으로는 인종간의 차이를 들고 있는데, 유태인과 중국인에서는 적고 아일랜드인에게는 많은 것으로 알려지고 있다.

또한 가족 내 빈도에 있어 알코올중독자의 1차가족에 알코올중독자가 많아 유전에 대한 것을 시사하고 있다.

다른 생물학적 원인으로, 사람들이 계속 과도히 술을 마시려는 이유로서 음주가 주는 초기의 흥분 효과와 알코올이 가지는 강화효과가 제시되고 있다.

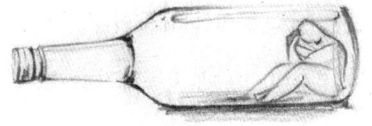

5. '단일약물 남용세대'를 거쳐 '복합약물 남용세대'로

마이클 잭슨이 약물중독(남용)으로 그렇게 찬란한 무대에서 사라진지 오래다. 23살로 요절한 리버 피닉스의 위에서도 부섬 걸과 모르핀, 코카인, 바리움, 마리화나 성분이 검출됐다고 한다. 사인을 담당한 검시관은 '과다한 복합약물중독'이라고 했다.

'단일약물 남용세대'를 거쳐 '복합약물 남용세대'에 들어와 있음을 극명하게 보여주는 한 예가 되겠다. 연예인들의 약물 남용 문제는 어제오늘의 일이 아니다. 백인들의 우상이었던 엘비스 프레슬리가 그리고 세계 뭇 남성들의 섹스 심벌이였던 미릴린 먼로가 약물 남용으로 죽었다는 것은 이미 알려진 사실이다.

사람들은 왜 마약(약물)을 남용하는 것일까. 무엇보다도 중요한 이유는 그 시대 그 국가에 정신적인 가치가 없다는 것이다. 정신적인 가치가 없다는 것은 반도덕적, 반윤리적, 반사회적인 분위기가 만들어진다는 것이다. 그리고 그러한 사회 분위기 속에서는 동물적 본능만을 추구하게 되고 공동체적 책임의식은 없어진다.

본능을 극대화시키는 마약을 탐닉하게 되고 그런 약물들을 거리낌 없이 만들고 팔게 된다.

오늘날 한국사회 분위기가 바로 그러한 것을 반영하고 있다. 마약은 속성상 습관성과 중독성이 있고 금단증상이 있다. 상당기간 이들 약물을 사용하다 보면 자의로 끊고 싶어도 끊을 수 없게 된다. 그리하여 에이즈 등 의학적인 문제와 범죄 등 사회 문제를 일으키고 결국 파멸하게 마련이다.

동물을 대상으로 한 실험에서 동물 스스로의 요구에 따라 마약이 주사되도록 설치해 주면 쥐는 즐거움과 탐닉 상태를 지나 중독 상태가 된다. 금단증상이 일어나자 쥐는 더욱더 자주 그리고 더욱 더 많은 용량을 요구하게 되고 결국 그 요구량은 치사량에 이르게 되어 죽게 된다.
이런 실험 결과는 인간을 대상으로 한 실험에서도 나타날 수 있다.
인간의 역사로 볼 때 백전백패하는 싸움이 두 가지 있다. 하나는 범죄와의 싸움이고 다른 하나는 마약과의 전쟁이다. 그것은 아무리 법이 강화되어도 절도, 강도, 살인, 강간범은 사라지지 않는다는 점에서 그렇고, 그리고 인간은 이미 그 수많았던 술과의 전쟁과 담배와이 전쟁에서도 이기지 못하고 있다는 점에서 그렇다.

현재 미국은 마약과의 전쟁에 연간 미국 국민 1인당 약 5원의 예산을 투자하고 있다. 마약으로 인한 연간 경제적가사회적 손실(약 2천억 달러)과 생산성 손실(7백억 달러)이 엄청나기 때문일까.
우리의 경우는 어떤가. 4~5년 전에는 고작 국민 1인당 20원에 머물고 있었다. 이후 1-2년 사이 30원 정도가 됐다. 한 국가의 가난은 그 국민들의 물질적인 것에 있지 않다. 한 나라의 파멸은 그 국민의 피폐한 정신에 있다. 마약은 국민의 정신을 괴사시킨다.

치료는 의학적, 심리학적, 영적 분야가 다 포함된다. 심한 중독자의 경우 입원을 해야 한다. 아편 파생제 사용자는 엄격한 의학적 치료가 필요하다. 약을 일시적으로 중지하는 데는 의학적인 방법이 좋을 것이다. 그러나 영구적인 효과를 나타내려면 환자는 집중적인 정신치료(psychotherapy)를 받아야 한다.

정신치료는 환자를 마약으로 이끌어간 근본적인 갈등의 해결에 목표를 둔다.

환자가 배우고 일하는 생활에 대한 만족을 얻도록 교육적, 직업적 계획이 세워져야 한다. 즐거움이란 흥미를 일으키는 어떤 것을 배우는 데서 오기 때문에 교육은 인간의 좋은 적응을 위해서 아주 중요한 것이다. 적합한 훈련과 교육에 더해서 직업적인 배정 또한 유익할 것이다.

상담자는 환자가 자기 스스로의 능력을 이해하도록 돕고 또 이 능력을 발휘할 수 있는 직업을 찾도록 도와야 할 것이다.

마약중독자였던 사람에게는 또한 새로운 친구 관계가 필요하다. 자기 자신에 대한 좀 더 깊은 이해를 통하여 자기를 종전과는 다르게 인식하고 전에는 자신에게만 밀착했던 사회적인 관계를 개선할 수 있도록 한다. 상담자는 환자가 새롭고 흥미 있는 적응이 좋은 사람과 만나도록 격려한다.

이들 새로운 친구들은 직장이나 교회에서 찾아볼 수 있을 것이다.

마약중독 현상의 근본 원인은 공통적으로 가정적으로 잘못된 가족관계에 기인하는 성격적 혼란에 있다고 할 수 있다. 이 때문에 중독자 한 사람만 상대로 치료하는 것은 불충분하다. 반드시 가족의 치료가 동시에 이루어져야 한다. 오늘날 정신적인 문제나 가족적 문제는 대부분 개인의 문제가 아니라 가족 전체의 문제로 봐야 하고 더 넓게는 원 가족을 살피고 치료에 임해야 할 정도로 그 뿌리가 깊다. 성인을 치료할 경우에는 그의 어머니나 부인에게 환자와 관련해서 그녀들의 정서적 욕구가 무엇인지 스스로를 이해하도록 하는 것이 중요하다.

  부인이나 어머니의 치료는 환자가 병원에서 퇴원하기 전에 이미 이루어져 있어서 환자가 퇴원할 때는 적절히 맞아들일 수 있는 준비가 되어야 할 것이다. 그들은 환자를 건설적이고 유익하게 대우할 수 있어야 하며, 동시에 그들 자신이 자기만족감을 누릴 수 있어야 한다.

  마약환자에 대한 또 하나의 특별한 방법은 영적 전환의 체험과 여기에 따른 그리스도인으로서의 성장이다. 하나님의 말씀을 통해서 그는 하나님이 그를 보호하시며, 그를 의의 길로 지도하시는 것을 깨달을 수 있다. 마약의 노예가 되었던 그에게 완전한 용서와 밝은 장래에 대한 약속이 특별히 주어진 것을 알게 된다.

  그리하여 성령이 점차 그의 생에 함께하심으로 그 생이 더욱더 성숙할 수 있다. 그는 인간의 능력으로서는 할 수 없는 초월한 능력과 지배를 발견하게 된다.

6. 대중문화와 마약복용

　　대중문화의 부정적 측면으로 지적되는 이론 가운데 가장 주목할만한 것은 청소년들로 하여금 '개인적인 동물'이 되도록 한다는 것이다. 50년대 후반 엘비스 프레슬리가 청소년들의 우상으로 떠오르면서 제기된 이 이론은 오늘날에도 그대로 통용되고 있다. 젊은이들은 대중문화를 통해 자기의 존재 상황에 대한 통찰력으로부터 도피하기를 꿈꾸게 되고, 대중문화의 슈퍼맨에 대한 정신 분열적인 이미지를 탐닉하게 된다는 것이다.

　　한편, 대중문화를 전달하는 입장에 있는 연예인들은 청소년들로부터 호응을 얻지 못하면 연예인으로서 그들의 장래는 극히 불투명하게 되므로 어떻게 해서든지 청소년들을 자기 세계로 끌어들이려 온갖 노력을 아끼지 않게 마련이다. 가수들의 경우 기본적으로 노래 그 자체에 담긴 호소력이 얼마나 청소년들을 감동시킬 수 있느냐에 성패가 달리지만 요즘과 같은 '비디오 시대'에는 노래 외적인 것, 이를테면 분장, 옷차림, 동작, 스테이지 매너 따위가 노래와 조화를 이루지 못하면 그 인기는 오래 지속될 수 없는 것으로 인식되어 있다.

　　말로 노래를 대신하는 이른 바 '랩송'이 등장한 것도, 온몸에 요란한 장식을 주렁주렁 매달고 무대 위에서 온갖 기괴한 몸동작을 해대는 가수들이 등장한 것도 청소년 세대에 동화하려는 연예인들의 안간힘을 대변한다.

　그 같은 안간힘이 상궤를 벗어날 때 문제가 발생한다. 마약 복용이 대표적인 예로 꼽힌다. 대중예술의 메카라고 할 수 있는 미국과 유럽 몇몇 나라의 팝 가수들이 이따금 마약 상습 복용으로 물의를 빚은 것은 새삼스러운 이야기가 아니다. 그들은 음색, 음조는 물론 몸동작 하나하나에 이르기까지 재능 외적인 것을 마약에 의존해 평상시에는 할 수 없는 것들을 청소년들에게 보여주고 들려줌으로써 인기를 유지해 왔던 것이다.

　외국 팝계의 그 못된 습관이 우리나라에까지 흘러 들어온 것도 어제 오늘의 일이 아니다. 인기 절정의 가수들이 구속된 사건은 그들이 종래의 대마초에서 몇 단계쯤 뛰어넘은 히로뽕을 상습적으로 맞아 왔다는 데서 문제의 심각성을 드러낸다. 아무리 대중예술이라 하더라도 마약에까지 의존해 인기를 유지하려는 풍조는 하루빨리 불식돼야 한다.

　약물중독의 원인은 한마디로 말하기는 어렵다. 사회 문화적 요인, 가족적 요인, 약물의 입수 가능성, 복용을 시작하는 기회, 그리고 개인적 특성 등의 요인들이 복합되어 있다.

　약물 사용에 대한 시도는 대담하고 반항적인데 이는 청소년과 미숙한 사람들에게 흥미를 끄는 일이 된다. 호기심, 모험, 부모나 다른 권위자들에 대한 반항, 모방, 대인관계 유지를 위한 방편, 동료의 압력, 약물 효과에 대한 정보 입수, 권태, 고통이나 고뇌로부터의 도피, 공상의 실현이나 쾌락에 대한 기대, 성적 만족 등이 정신 활성물질 사용의 동기가 된다.

이들을 대상으로 MMPI검사를 진행해 보면 반사회적 인격장애가 많다. 그래서 다른 범죄나 범법행위가 많은 것으로 나타난다. 정신분석적인 분석으로 살펴보면 대부분 자아와 초자아 발달과정 이전, 즉 구순기적 상태에서 인격 발달이 정지되어 있는 사람들이다. 따라서 즉각적 만족을 추구한다. 길게 보고 그 과정에서 기쁨과 즐거움을 얻지 못하고 즉시 얻으려고 하는 유아기적 양태를 갖고 있다. 대부분 어머니에 대해 소유와 거절의 양가감정이 있다. 어머니도 중독된 환자가 습관을 포기하도록 격려하는 반면에 종종 무의식적으로 환자에게 남용을 조장하는 경향도 있을 수 있다.

환자들에게는 보통 강하고 지속적인 아버지 상이 없다. 따라서 이들은 내적인 억제가 없으며 심리적 욕구의 즉각적인 만족을 추구한다. 목표를 향하여 장기간의 끈질긴 노력을 하여 만족을 획득할 수 있는 자아능력이 부족하다. 따라서 그의 과장되고 무리한 욕구는 이러한 미성숙에 의해 계속적으로 좌절되게 되어 있다.

그리하여 이들은 욕구, 고통 그리고 해결되지 않은 성적 충동의 좌절, 그리고 사회적 좌절감을 즉각적인 약물의 효과로 해결한다.

그러나 약물이나 물질의 효과가 시간이 감에 따라 사라지고 난 후 그들은 다시 불안하거나, 우울하며, 외롭거나 또는 습관적인 절망감에 사로잡히며, 적개심과 죄책감도 복합되어 나타날 수 있다. 환자들은 이 같은 느낌을 피하기 위해 계속적으로 그리고 반복하여 더 많은 양의 물질을 사용하지 않을 수 없다.

사회는 이러한 요구를 만족시키는 약물의 제공, 같은 남용자들의 유혹과 압력 등을 통해 강화 내지 조건화함으로써 남용을 조장하고 있는 것이다. 특히 약물의 판매로 인한 경제적 이익이 크므로 법률에 대항하여 조직적으로 제조, 밀매하는 범죄단체가 개입되어 있다.

따라서 약물의 남용을 막기가 대단히 어렵다. 그리고 지금은 이러한 산업이 대규모, 국제화하고 있다.

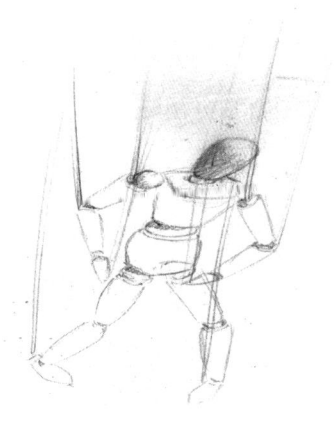

7. 나는 지금도 마약중독자며 과거에도 그랬고 미래에도 그럴 것

　　마약 복용 때문에 두차례나 선수 자격이 정지됐던 아르헨티나 축구스타 디에고 마라도나는 "아직도 약물 유혹을 느끼고 있다"고 토로했다. 그만큼 약물은 강력한 중독성을 가지고 있다는 말이다. 쾌락을 추구하는 사람들이 처음에는 낮은 수준의 쾌락을 유지하다가 점점 깊은 대로 가는데 그 종착점이 마약중독이다. 이곳에 도달하면 자력으로는 절대 빠져나올 수 없다. 대체로 보면 일찍 담배와 술을 가까이한 사람들에게 나타나서 성적 쾌락으로 그리고 마지막이 약물에 도달하게 되는데 인간의 쾌락의 끝이 한이 없다는 말이기도 하다.

　　마라도나는 아르헨티나 일간지 '클라린'과의 인터뷰에서 "나는 지금도 마약중독자며 과거에도 그랬고 미래에도 그럴 것"이라고 말했다. 그 축구 천재를 침몰시켜 처참하게 만든 것은 그 무엇도 아닌 마약이었다. 그는 "일단 마약을 손에 대기 시작한 사람은 매일 마약의 유혹과 싸워야 한다는 사실을 알아야 한다. 마약 중독자는 아침에 일어나 '이제 마약은 끝이야'라고 결코 말할 수 없으며 대신 '오늘도 마약과 싸워야 한다.'고 다짐해야 한다."고 자신의 고통스러운 마약에의 유혹을 솔직하게 털어놓았다

　　마라도나는 22살 때 스페인 축구리그 바르셀로나에 진출하고 난 직

후에 마약을 복용하기 시작했다고 처음으로 고백했다. 특히 그는 마약을 복용하기 시작한 이후 딸에게 물 한 잔을 제대로 건네주지 못할 정도로 고통스러운 나날을 보냈다고 말했다. "야시나(그의 딸 이름)가 '아빠 물 한잔 주세요.'라고 했다. 침대에 멍하니 누워있던 나는 '그래, 얘야'라고 대답했지만 움직일 수가 없었다. 일어날 수도 없었으며 마치 한대 얻어맞아 매트리스에 덜렁 나가자빠진 기분이었다."고 그는 일화를 소개했다. 그는 "나는 마약 때문에 보통 사람들이 생각하는 이상의 고통을 겪어야만 했다. 이 고통을 내 아이들에게 말해 줄 것"이라고 덧붙였다.

현재 마약 캠페인에 동참하고 있는 마라도나는 91년 이탈리아 프로리그 나폴리에서 활약할 때 처음으로 마약 복용 혐의가 드러나 15개월 동안 선수 자격을 박탈당했다가 귀국했으나 고국에서 다시 마약 때문에 체포돼 법원 감시 하에 재활 프로그램을 수료해야 했다.

마라도나는 94년 미국 월드컵 때 또다시 약물 복용 사실이 밝혀져 15개월 동안 선수 자격이 정지되는 우여곡절을 겪었다. 그러나 마라도나 자신은 언제나 마약 복용을 강력히 부인하며 "나는 희생양"이라고 반박하곤 했었다. 그러나 그의 몸에는 지금도 마약성으로 채워져 있다.

인간을 피폐하게 하는 약물은 뇌에 강력한 영향을 미쳐 의식이나 마음 상태를 변화시키는 물질로서 합법적 약물(또는 물질)인 진정 수면제, 항불안제, 알코올, 담배, 그리고 비합법적인 물질인 아편류, 정신자극제, 환각제, 방향성 물질(본드 등) 등을 말한다. 이들 남용은 의학적 문제이면서 동시에 심각한 사회문제이기도 하다.

즉 정신적 및 신체적 건강을 해칠뿐 아니라 사회적 타락을 초래하기 쉽기 때문이다. 우리나라는 마약 청정국가로 인정을 받았으나 근래에는 전 세계 공급의 중간지점으로 자리 잡고 있고 국내에는 광범위하게 마약 복용자들이 분포되어 문제가 심각하다.

아편, 환각제 등이 사용된 역사는 오래되었다. 현재는 제조기술의 발달, 세계적인 수송망, 황홀경이니 신비한 초월적 경험이니 하는 대중매체를 통한 광범위한 정보의 제공, 쉬워진 제조과정, 그리고 경제적 이익을 위한 국제적 규모의 생산과 판매 조직 등으로 하여 전 세계적인 문제가 되고 있다.

우리나라에서는 아편류 남용은 상당히 잘 통제되어 왔으나 한때 마리화나와 항불안제 남용이 심각했고 현재는 정신자극제(각성제)인 '필로폰'남용이 크게 문제가 되고 있다.

세계보건기구의 정의에 의하면 남용이란, 의학적 사용과는 상관없이 약물을 지속적으로 또는 빈번히 내량 사용하는 것이다. 습관성 중독은 현재 의학적 용어로는 사용되고 있지 않으나, 일반적으로는 널리 쓰이고 있다. 이는 심리적 의존이 있어 계속 약물을 찾는 행동을 하고, 신체적 의존이 있어 복용을 중단하지 못하며, 신체적 정신적 건강을 해치게 되는 상태를 말한다.

심리적 의존이란, 약물을 계속 복용함으로 긴장과 감정적 불편을 해소하려는 것으로 습관성과 유사한 개념이다. 내성은 반복 복용했을 때 효과가 점차로 감소되거나 같은 효과를 얻기 위해서는 점차 용량을 증가시켜야 하는 것을 의미한다. 신체적 의존은 약물투여가 지속되면서 약물과 유기체간의 상호작용의 결과로 나타난 생리적으로 변화된 상태로, 약물을 중단하면 그 약물의 특징적인 금단증후군이 나타나는 상태이다.

이렇게 되면 약물이 주는 쾌감보다 금단증상이 무서워 약물을 중단할 수 없다. 그리하여 점차 환자는 사회적 및 직업적으로 장애가 생기며 약물을 구하고자 또는 복용하고자 하는 생각에만 사로잡히게 되고 그것을 위하여 직업, 여가활동을 포기하며 심지어 범죄에까지 이른다. 또한 장기 남용으로 정신질환은 물론 신체적 합병증마저 일으킨다.

8. 충동조절장애

　　충동조절장애는 정신질환 중의 하나이다. 어떤 충동을 억제하지 못하여 반복적으로 일을 저지르기 때문에 개인이나 가정 또는 직장생활에 해를 끼치고 파탄을 가져오는 병을 말한다. 특히 이 충동조절장애는 한국 사람들에게 많다. 흔히 욱하는 마음으로 자신을 조절하지 못하고 방임한 상태에서 일어나는 일들은 제정신으로 돌아오면 후회가 되고 우울함으로 빠지게 되는 것이다.

　　예를 들면 노름을 하고 싶은 충동을 억제하지 못하고 상습적으로 도박을 하는 병적 도박증, 남의 물건을 훔치고 싶은 충동을 견디지 못하는 병적 도벽증, 불을 지르고 싶은 충동을 억제하지 못하고 반복적으로 방화를 하고 불타는 것을 봄으로써 극치감을 느끼는 병적 방화증, 공격적인 충동을 견디지 못하고 남에게 폭력을 가하는 폭발성 장애 등이 대표적인 경우들이다.

　　이런 장애들은 자신이나 타인에게 해가 될 만한 행동을 하려는 충동이나 유혹을 억제하지 못하며 행동을 충동적으로 저지르기 전에는 긴장감이 고조되지만 일단 일을 저지르고 난 후에는 쾌감과 만족감 또는 해방감을 느낀다는 공통적인 특징이 있다.

　　이런 행동들이 정신적인 병으로 인식된 것은 이미 오래 전이지만 아직까지는 뚜렷한 치료 대책이 없다. 그런데 요즈음은 이런 충동조절 장애적인 요소가 인간의 심성에 아주 보편적으로 광범위하게 퍼져 가고 있다는 데에 심각한 문제가 있다.

술을 절제하지 못하고 과음에 폭음을 하는 것, 청소년 사회에 심각하게 번져 가는 환각제 복용과 본드흡입, 사소한 일에도 좌절하고 자살 충동을 이기지 못하는 것, 상습적으로 아내를 구타하는 것, 어른 아이 할 것 없이 성충동을 억제하지 못하고 폭력적인 방법으로 해소하는 성범죄 등 모두가 충동조절장애라고 볼 수 있다.

충동을 조절 못하는 현상은 여러 사회현상에서도 만연되어 있다. 물건을 사고 싶은 충동구매를 조절하지 못하여 나라 경제가 휘청거리고 있으며 의사 관철이 안되면 각목 들고 거리로 나서거나 남의 사업장을 점거해서 떼를 쓰는 고질적인 현상도 모두 집단적인 충동조절장애라고 볼 수 있다.

충동은 행동하려는 경향으로, 행동함으로 본능적 욕구의 억압에 의한 긴장과 본능적 욕구에 대한 자아방어기제의 약화로 생긴 긴장을 해소시키려는 것이다. 대개 그 행동에는 충동 만족과 그에 대한 징벌까지 포함되어 있다(폭행에 대한 처벌, 도박에 대한 재산손실 등).

약물의존이나 성적 변태도 충동조절이 장애된 경우이지만 충동조절장애란 이런 것들에 해당하지 않는 다른 모든 충동조절장애들을 통틀어 일컫는다.

이들은 다음과 같은 특징이 있다.

첫째, 자기 자신이나 타인에게 해가 될 만한 행동을 하려는 충동, 욕구, 유혹을 억제하지 못한다(환자들은 이 충동을 의식적으로 억제할 수도 아니할 수도 있고, 그런 행동을 계획할 수도 안 할 수도 있다). 둘째, 충동적 행동을 저지르기 전까지 긴장감과 각성상태가 고조된다. 셋째, 일단 행동으로 옮기면 쾌감, 만족감, 또는 긴장으로부터의 해방감을 경험하게 된다. 이들의 충동적 행동은 자아 동조적이다. 행동으로 옮긴 후에는 즉각적으로 후회 감이나 죄책감을 느낄 수도 있고 않을 수도 있다.

병적 도박, 절도광, 방화광, 성의 왜곡, 중독 등이다. 원인은 대개 미상이나 생물학적·심리적·사회적 요인들이 상호 작용한 결과로 보인다. 이 모든 임상 유형들의 공통점은 긴장인데 이는 대개 본능적 욕구, 즉 성욕과 공격성에 대한 긴장이다. 프로이드는 이를 쾌락원칙과 현실원칙의 개념으로 파악하고 있다.

충동 행동은 대개 처벌받는 행동도 포함되어 있어 그 원인에 죄책감도 있음을 알 수 있다. 나아가 처벌받고자 하는 욕구가 충동조절을 장애하는 경우도 있다.

정신 분석적으로 충동조절장애는 구순기에의 고착 때문이라 한다. 수유기에 어린아이의 오직 한 가지 기쁨과 즐거움은 입에 있다. 이때 그 욕구에 대하여 냉정하거나 무관심하면 이것이 후일 성인이 될 때 병적인 요소가 된다는 것이다. 어릴 때 경험이 중요한데 즉 동알시 할 적절한 대상이 없을 때, 부모가 스스로 충동조절을 잘 못하는 경우 이후 이 장애가 생길 가능성이 높다. 기타 가정 내 폭력, 알코올남용, 성적문란,

반사회적 경향도 원인으로 작용한다.

특정 뇌장애 때도 충동조절장애가 나타난다. 정신지체, 간질, 알코올 중독, 약물중독 등도 관련된다. 피곤이나 지속적 자극상태도 방어기제를 약화시켜 충동행동을 일으킬 수 있다.

충동조절장애는 인간에게 주어진 절제의 능력을 상실한데서 시작되는 장애이다. 그 원인은 생물학적, 사회적 요인 등이 복합적으로 작용하는 것이다.

이 장애의 치유는 다양한 접근이 가능하다. 약물치료, 행동치료, 상담치료 등은 증상과 상태에 따라 개별적 혹은 협력적으로 응용될 수 있다.

상담학적 관점에서는 그 목표가 뚜렷하다. 인간에게 원래 주어진 조절 기능의 회복을 돕는 것이 상담이 가고자 하는 최종 목표이다. 그러나 그 방법론은 다양한 논의가 있을 수 있고 실제로 그 논의의 초점에 따라 방향이 달라지고 있다.

상남자는 인간의 조절 기능의 회복은 성령의 도우심에 따라 이루어짐을 안다. 성령의 열매는 절제를 가능하게 하고 인간의 충동을 하나님의 질서 아래 굴복케 하는 힘을 공급한다는 사실을 안다. 그러므로 상담자의 상담은 인간의 충동을 절제할 수 있도록 인간회복에 초점을 두게 되는 것이다.

특히 요즘은 인스탄트 음식에 길들여지고 빨리빨리의 문화가 토착화되어 합리적인 사고와 주변과 상대를 이해하는 여유가 점점 고갈 상태에 접어들고 참지 못하여 벌어지는 대인관계, 신앙생활, 등등에 큰 문제를 제공함으로 하나님의 통치와 질서에 되돌아가 가야 한다.

5부

신체적 장애

건강염려증(장미꽃 향기를 맡으세요)

마흔여덟 살의 J는 신장 결석증을 앓고 있는 이웃 사람이 그 고통스러운 통증에 대해 하소연하는 이야기를 들었다. J는 최근 방광 주위에 통증을 느끼고 있던 중이었다. 그래서 자신도 신상 결식증이 아니지 걱정이 되었다. 결국 그녀는 의사를 찾았다. 소변검사 결과 그녀의 병은 급성 요로 감염으로 판명되었다.

의사는 이렇게 말했다.

"요로 감염을 치료하는 것과 결석을 제거하기 위해 수술을 받는 것은 비교도 할 수 없어요." 후에 J는 말했다.

"진작 진찰을 받으러 올 걸 그랬나 봐요. 지레 겁먹고 꼭 결석 제거 수술을 받게 될 줄로만 알았거든요."

또 다른 예로 마흔여덟 살의 M은 무릎 통증이 매우 심했다. 너무나 고통이 심했기 때문에 그는 자신이 관절염에 걸렸다고 생각했다. 그의 아내인 S도 30대 후반에 발병한 이후로 여러 해 동안 계속 관절염을 앓고 있었다. 약 기운이 떨어질 때마다 몹시 고통스러워하는 S의 모습을 보기란 M에게 참으로 고통스러운 일이었다.

그래서 그는 차라리 자기가 대신 아픈 게 낫겠다는 생각까지 했다. 그러나 M을 진찰한 의사는 그에게 관절염 증세가 전혀 없다고 말했다.

"부인이 너무 불쌍한 나머지 자신도 관절염을 앓겠다고 상상한 겁니다. 그런 일은 흔히 있는 일입니다. 또 아기를 낳을 때 자기 아내가 진통을 하면 같이 진통을 느끼는 남편들도 있습니다. 두 사람이 함께 고통을 나누고 싶은 마음이 너무 강하다 보니 실제로도 고통을 느끼게 된 거죠. 그렇지만 진짜 아픈 것은 마음입니다."

앞에서 본 이 두 사람의 증상을 '건강 과잉 염려증,' 즉 '히포콘드리증'이라고 합니다. 이제 전문가들이 설명하는 히포콘드리증이 무엇이지 들어보고 또 그런 증세를 극복한 사람들의 이야기를 들어 봅시다.

히포콘드리증이란 일반적으로 자신의 몸이나 신체 기관 혹은 건강에 대해 갖는 강박관념과 같은 선입견을 말합니다. 히포콘드리란 한때 모든 병의 근원이라고 여겨졌던 배 윗부분, 즉 가슴뼈의 연골조직 아랫부분을 칭하는 말입니다.

히포콘드리증 환자들에게 나타나는 심신의 증상들은 포탄에 맞아 생긴 상처만큼이나 신경이 집중됩니다. 그러나 그 증상이 심해지면 진짜 가슴앓이나 심한 편두통, 천식으로 인한 기관지 장애를 일으키고 후두염으로 악화되거나 다른 증후들이 나타날 수도 있습니다.

히포콘드리증이 발병하는 빈도는 어느 정도일까요? 몇몇 건강 전문가들의 말에 따르면 의사를 찾아오는 환자들의 75% 정도는 신체적으로 아무 이상이 없는 사람들이라고 합니다. 20년 전 미네소타 주 로체스터의 메이어 병원 연구 팀은 보고된 증상 중 50-55%는 특정한 질병과 아무 상관이 없었다고 결론지었습니다.

"적어도 이곳에 있는 환자들 중 절반은 병 그 자체 때문이 아니라 불안, 피로, 근심, 스트레스, 압박감과 관계된 다른 요인 때문에 문제가 생긴 것입니다. 그들 모두를 히포콘드리증 환자로 간주할 수 없습니다. 그것은 그 증상이 뚜렷하게 나타나는 경우에만 한합니다."

"실제로 건강한 사람들 중에 자신이 병에 걸린 게 아닌가 하고 생각하는 사람들이 무수히 많습니다. 한 예로, 드리마일 섬의 원자력 발전소에서 방사능 누출 사고가 있은 후 많은 사람들이 불안에 떨었던 것처럼 그런 스트레스에 대한 일시적인 반응이기 쉽습니다. 그 사고가 나자, 방사능 노출을 두려워하는 수많은 사람들이 의사를 찾아와 피부발진과 그의 유사한 온갖 증상들을 호소했다고 합니다.

어떤 질병에 대해 연구를 하던 의학도들은 연구를 마친 후 그와 똑같은 질병 증세를 나타내기도 합니다. 만약 그 증상 원인을 알 수 있는 단순한 히포콘드리증으로 밝혀진다면 그 환자는 곧 정상으로 회복될 수 있습니다. 그러나 그런 증상이 계속된다면 히포콘드리증은 무서운 결과를 낳습니다.

즉 정서불안과 의기소침으로 악화되어 의사의 치료도 아무 소용이 없게 될지도 모릅니다. 히포콘드리증이 갑작스럽게 나타나는 또 다른 이유는 외로움을 느끼기 때문입니다. 환자에게는 애정과 그를 돌봐 줄 누군가가 필요합니다."

사람은 몸이 아플 때 자신이 남에게 어느 정도의 관심과 사랑을 받고 있는지 알게 된다.

"시카고 행동교정 센터의 원장인 벤자민 벨덴은 말합니다. 우울하고 외로운 사람들 중에는 따뜻한 보살핌을 호소하는 사람들이 상당수 있다고 에릭슨 연구소의 저명한 교수인 마리아 피어스 박사는 말합니다."

"이런 사람은 아무도 자신을 돌봐주지 않는다고 느끼기 때문에 지나치게 자기 몸에 신경을 씁니다." 자신이 병에 걸렸다는 생각을 계속 품고 있던 한 여자가 마침내 환자들의 이야기를 잘 들어 준다고 소문난 의사를 찾아갔습니다. 그 의사는 상대방의 감정을 자기 것처럼 받아들임으로써 환자를 포근하게 감싸는 듯한 느낌을 주는 의사였습니다.

의사는 그녀가 말하는 병의 증상들을 귀 기울여 들었고, 그렇게 이야기해가는 가운데 그녀는 자신도 자기 어머니와 할머니처럼 암에 걸릴까 봐 오랫동안 걱정했다고 털어놓았습니다. 철저한 신체검사 결과 그녀에게는 아무 이상이 없었습니다. 그 의사의 동정 어리고 주의 깊은 경청과 신체검사를 통해 그녀는 자신이 암에 걸릴지도 모른다는 극도의 두려움을 극복했습니다.

의사가 몇 번 씩이나 병에 걸렸다는 증거가 없다고 말했음에도 불구하고, 지나치게 병에 신경 쓰는 사람들은 병에 대한 걱정을 잊기 위한 방법을 찾아야 합니다.

히포콘드리증이란 질병에 대한 공포로 시달리는 병입니다. 그러나 의사가 모든게 정상이라고 말하거든 장미꽃 향기를 맡는 시간을 가짐으로 매일 축복된 삶과 기쁨을 누리도록 하십시오.

저자 **남서호** 박사

안양대학교 졸업
총신대학교 신학대학원 졸업
고려대학교 대학원 상담심리학 전공
미국 Liberty Theological Seminary 신학석사
미국 Ashland Theological Seminary 목회상담학박사
미국 Bethany Theological Seminary 철학박사

• • •

미국 코너스톤 상담실 카운슬러 역임
서초종합복지관 상담실장 역임
나사렛대학교 교수 역임
아세아연합신학대학 외래교수 역임
서울기독대학교 외래교수 역임
현, 기독교치유상담교육연구원 원장
　　기독교치유상담학회 부회장
　　동산교회 담임목사

• • •

주요저서
포스트모더니즘과 목회자의 성
거룩한 성 흔들리는 성
사랑하는 사람 약물중독 어떻게 도울까?
효과적인 평신도 리더십
성장상담학
심방상담자료백과 8권
열에 아홉을 주시는 하나님
역서) 십일조의 능력(Elmer L. Towns)